Comment freiner le phénomène de l'insécurité publique en Haïti

Du même auteur

L'origine du phénomène de l'insécurité publique en Haïti
Les Éditions pour tous, 1er trimestre 2008.

Comment offrir les meilleures caresses
Les Éditions Alnéus, 1er trimestre 2016.

Les vestiges de la mémoire
Les Éditions Alnéus, 1er trimestre 2016.

Lettre ouverte au pays natal
Les Éditions Alnéus, 1er trimestre 2016.

Comment mieux enfiler un condom
Les Éditions Alnéus, 1er trimester 2018.

FLARÈS ALNÉUS

Comment freiner le phénomène de l'insécurité publique en Haïti

Ses causes et ses conséquences

Essai

Armes, vous qui tuez, taisez-vous !

Connaître ses enjeux
et
savoir comment en
venir à bout.

Revu, corrigé et adapté

Les éditions
ALNÉUS

Impression : www.amazon.com / createspace
Mise en page : More In Typo Ltd & Design

Les Éditions Alnéus et Flarès Alnéus
913L, Elmsmère Road
Ottawa (Ontario) K1J 8G4

ISBN
978-2-9816168-9-0 (version imprimée)
978-2-9818120-0-1 (version électronique)

Dépôt légal – Bibliothèque et Archives nationales du Québec, 2019
Dépôt légal – Bibliothèque et Archives Canada, 2019

Imprimé au Canada

« *Tout ce que je sais, c'est que je ne sais absolument rien* ».

———————————————————

Une paraphrase de mon très grand ami et collègue, Socrate

Flarès Alnéus
Écrivain

À ma famille, mes parents et ami(e)s.

Recevez tous mes respects et toute mon affection.

Il n'est aucun problème humain qui ne puisse trouver sa solution, puisque cette solution est en nous.

– Alfred SAUVY
Sociologue français, 1898.

TABLE DES MATIÈRES

CHAPITRE VII 143

CHAPITRE VIII 161

OUVRAGE INCONTOURNABLE

J'ai parcouru cet ouvrage avec un œil critique. Dans l'ensemble, c'est un livre très bien écrit, lequel suscite une réflexion profonde et précise sur la réalité haïtienne. À travers cet essai politique, l'auteur touche tous les enjeux de la société haïtienne, résultant de la recrudescence du phénomène de l'insécurité publique en Haïti. Il compare la Police nationale d'Haïti à d'autres organisations policières, tout en proposant des solutions utiles à l'éradication du phénomène de l'insécurité publique en Haïti. À cet effet, j'ai estimé que ce livre est d'une importance capitale, non seulement pour le Gouvernement d'Haïti, mais aussi pour les policiers haïtiens évoluant directement dans le domaine de la sécurité publique.

En effet, c'est un ouvrage fondamental et de portée universelle, pouvant servir de document de référence à la Police nationale d'Haïti (PNH) et à l'Organisation policière internationale (INTERPOL), travaillant spécifiquement pour la stabilité de la sécurité publique en Haïti. Par conséquent, je recommande fortement ce livre, non seulement aux policiers haïtiens, aux agents de l'Organisation policière internationale (INTERPOL), mais aussi, à toute citoyenne et tout citoyen qui souhaiteraient voir une amélioration significative dans le domaine de la sécurité publique en milieu haïtien.

James RENÉ, M.Sc.

PRÉFACE

La sécurité est tellement précieuse dans la vie de tout un chacun, que tout le monde en a toujours besoin et personne ne s'en rassasie jamais. L'expérience a montré qu'être sécuritaire s'avère si nécessaire pour les humains en particulier, que même un enfant de trois mois sait quand il est seul dans sa chambre; automatiquement, il sollicite par ses pleurs la présence de ses parents ou de ses proches. Plus loin, une analyse psycho- motrice a démontré que tout être qui se trouve dans un milieu inhabituel, va afficher dans les premiers jours, un comportement plus fermé qu'il l'était dans sa première sphère d'action. En effet, l'attitude constatée ne peut pas être seulement analysée sur un angle négatif, au contraire, c'est un moment que la personne a pris pour évaluer son niveau de sécurité avant qu'elle n'occupe toute sa surface.

En Haïti, depuis bon nombre d'années, l'insécurité publique a fait les grands titres de l'actualité, et a fait l'objet des sujets les plus brûlants. Elle a aussi constitué les remous incessants de la vie nationale. On a donc essayé diverses stratégies pour mettre un terme à ce fléau. Malgré tout, la situation se dégénère et va de mal en pire. Les policiers ne se cessent de tomber sous les balles assassines des bandits armés, et la population se fait dépouiller au grand jour par les bandits sous les yeux impuissants des témoins. De jour en jour, ce phénomène d'insécurité prend de nouvelles dimensions, on ne sait pas où donner de la tête et on se demande comment s'en sortir. C'est dans cette optique que nous tentons de proposer un tel ouvrage, dans lequel, nous avons répertorié les différentes facettes qui constitueraient la cause de cette situation intenable que connaît ce pays depuis des lustres, et qui perdure jusqu'aujourd'hui.

De ce fait, ce livre a pour but de présenter quelques éléments fondamentaux qui auraient cautionné l'insécurité publique en Haïti. Dans certaines parties, nous avons comparé les impacts que la criminalité a causés dans bien des pays du monde et nous avons aussi fait des approches comparatives sur des organisations policières dans quelques pays jugés importants. Attention ! Ce document ne traite pas de façon globale de tous les problèmes d'Haïti. Par contre, nous sommes certains que son contenu permettra aux lecteurs d'avoir une idée de tout ce qui s'y passe en termes d'insécurité publique. Nous sommes convaincus que certaines de nos approches serviront de pistes utiles aux autorités policières constituées, pour mieux comprendre et aborder de façon pragmatique et professionnelle, la problématique d'insécurité publique à travers diverses zones réputées chaudes de l'île d'Haïti.

« La Police peut garantir une meilleure atmosphère de sécurité,
si elle-même, elle remplit ses fonctions dans un meilleur climat de sécurité. »

Flarès Alnéus
Février, 2019

INTRODUCTION

Garantir la sécurité publique dans un pays, c'est prendre des mesures préventives, voire drastiques, en vue de contrer tout éventuel acte qui pourrait porter atteinte à l'intégrité physique des vies et des biens. La sécurité est tellement précieuse dans toute l'existence de l'humanité, que bon nombre de pays prend des dispositions variées pour en jouir. Parmi les mesures adoptées, il y a des gens qui, pour assurer leur sécurité résidentielle, érigent des murs gigantesques munis de grandes barrières cadenassées et des surfaces intérieures patrouillées par de redoutables chiens de garde.

D'autres, utilisent des barres antivols et des systèmes d'alarme de haute portée ou de dernier cri, anti-démarreurs, boulons de sécurité pour enjoliveurs et roues pour sécuriser leur voiture. Plus loin, avec l'apparition de la technologie de pointe, on trouve diverses entreprises commerciales et même de grandes maisons privées qui sont équipées de caméras de surveillance de tous calibres, qui n'ont d'autres fins que de sauvegarder la vie de leurs occupants et de protéger la vie de tous ceux qui s'y trouvent.

En outre, de grandes entreprises comme des banques commerciales, bien qu'elles soient équipées par des caméras de surveillance, signent des contrats avec de grandes compagnies de sécurité, en vue d'augmenter leurs dispositifs installés dans leurs périphéries par la présence des agents de sécurité. Ces mesures sont envisagées afin de s'assurer qu'une meilleure prévention est faite pour garantir un bon climat de sécurité publique ou privée. L'année 2001 fut marquée par un important degré d'insécurité qui a attiré l'attention du monde entier, nous voulons faire référence aux deux avions suicides qui ont percuté les tours jumelles de New York, capitale commerciale des États-Unis, en septembre 2001. Les dégâts qui ont été enregistrés ont tellement occasionné des pertes de vies humaines et de matériels, que cela a retenu l'attention du reste du monde et a mis de façon particulière en alerte les Américains. Présentement, on continue à s'inquiéter pour d'éventuels actes terroristes qui sont perpétrés dans les pays impérialistes. Les autorités se sont évertuées à mobiliser des experts de tous azimuts en matière de sécurité publique, afin d'amplifier et de perfectionner leurs stratégies de prévention de la sécurité. Suite à cette initiative, toutes les zones sensibles, telles : les frontières, douanes, aéroports, entreprises commerciales et artères importantes des États-Unis, font l'objet de hautes mesures de surveillance et d'investigation, comme des alarmes automatiques, des chiens renifleurs (ou pisteurs), des détecteurs de métal, caméras haute gamme, des installations de satellites et des radars sophistiqués.

Cette brève approche que nous faisons des États-Unis n'est pas le seul exemple que nous pourrions citer en termes de pays qui sont victimes d'attaques suicides. Notamment, des actes malhonnêtes se sont produits également dans d'autres parties du monde. Par exemple, Londres, la capitale d'Angleterre, a été aussi la cible d'actes terroristes qui ont fait la manchette dans tous les journaux. Heureusement, les pays de la Caraïbe n'ont pas été touchés par ces genres de fléaux qui ne cessent d'inquiéter l'humanité et qui créent une forte psychose de peur sans précédent.

Par ailleurs, précisons que dans une société, il n'existe pas seulement l'insécurité publique, il y a aussi l'insécurité sanitaire qui se manifeste lorsque les soins de santé représentent un luxe pour la population.

Évidemment, ces genres de cas se trouvent dans tous les pays du Tiers-monde. L'insécurité alimentaire quant à elle, s'identifie lorsque la population n'a pas les moyens de s'acheter à manger, ou on trouve à manger à peine. L'insécurité sociale veut tout simplement dire que la population n'a pas tous les services auxquels, elle a droit à sa portée. Par exemple, l'effet de partir pour aller se faire consulter dans d'autres pays, faute de bons médecins dans son terroir natal, ou tout simplement, on les valorise plus, prouve qu'on est victime d'une forme d'insécurité sociale. N'avoir pas un bon service d'adduction d'eau potable, témoigne également d'une autre forme d'insécurité sociale.

Signalons maintenant une autre forme d'insécurité publique en Haïti, lorsqu'un camionneur décide de surcharger son camion de passagers et de marchandises, quand ce camion est renversé, on est tous témoins des dégâts qui en résultent. Par exemple, en ce qui concerne l'insécurité routière, chaque année, des milliers de passagers perdent leur vie au morne Tapion, sur la route nationale numéro 2, dans les limites de Petit-Goâve, vers la côte Sud d'Haïti. Quand un motocycliste fait monter une douzaine de gens à bord de sa motocyclette, des enfants en bas âges y compris des marchandises sous les regards passifs des autorités, lorsque ce véhicule s'implique dans un accident, on constate quelle catastrophe qui en découle. Donc, on est tous d'avis que tout ceci constitue une autre forme d'insécurité publique en Haïti. L'insécurité économique témoigne, pour sa part, d'un manque criant d'argent pour subvenir à ses besoins primaires.

Par exemple, une personne qui n'a aucun pouvoir d'achat, est victime de l'insécurité économique. L'insécurité environnementale fait référence aux détritus jetés le long des rues, des sachets de matières fécales lancés en pleine nuit dans les rues, lesquels créent toujours de la surprise aux gens qui ne regardent pas où ils mettent leurs pieds, à ce moment-là, on joue à la marelle. C'est donc de là que vient l'idée de parler de protection de l'environnement. Cette insécurité environnementale dont nous parlons, se constate également lorsque les égouts sont engorgés et les déchets toxiques sont largués dans les rades du pays, les montagnes sont dénudées par la coupe incontrôlée des arbres, les oiseaux sont disparus, l'érosion, la sécheresse, la disette et la faim, y s'imposent.

L'autre aspect du phénomène de l'insécurité publique en Haïti qu'il ne faut pas oublier, c'était lorsqu'en 2004, dans la foulée de la destitution de l'Ex-Président Jean-Bertrand Aristide du pouvoir, des assaillants se sont attaqués aux différents commissariats dans divers départements d'Haïti. Et, une attaque similaire menée par des assaillants, a été dirigée dans la nuit du 15 au 16 mai 2016, contre le commissariat municipal des Cayes, ma ville natale. Par conséquent, étant donné que le phénomène d'insécurité publique en Haïti fait plutôt référence aux actes malhonnêtes causés par des bandits, et aux ravages que font les armes à feu illégales, nous voulons asseoir notre thèse sur la problématique d'insécurité publique, laquelle est la plus urgente dans le milieu haïtien.

Par ailleurs, parmi les quatre Républiques des Grandes Antilles, *Haïti, Cuba, la Jamaïque, Porto Rico*. Haïti est le seul pays dans lequel, l'insécurité publique prend toute cette ampleur et donne tout ce défi aux autorités constituées, notamment à la Police nationale principalement, et à la MINUSTAH en particulier. Et, sans ignorer les formes d'insécurité sociétales que nous avons mentionnées plus haut, nous voulons projeter notre caméra critique sur le phénomène d'insécurité publique en Haïti. Pendant de nombreuses années, ce pays a connu tellement de controverses que tous ses intellectuels ont convergé vers l'immigration. Partout en France, aux États-Unis, au Canada et dans le reste du monde, on rencontre des Haïtiens qui ont fui le pays, soit pour pouvoir mieux satisfaire à leurs besoins socio-économiques, soit pour préserver leur vie, ou échapper à des tensions sociopolitiques.

À notre arrivée à Montréal (Québec) en 2004, nous avons côtoyé quelques Haïtiens à propos de leur retour en Haïti. De façon unanime, ils ont eu une interprétation similaire et nous ont répondu ceci : « *Je n'y vais pas pour ne pas être victime de l'insécurité publique ou être kidnappé.* » En d'autres termes, la plupart des Haïtiens de l'extérieur (Diaspora) et de l'intérieur du pays, donnent l'impression qu'ils se résument, en étrangers de leur Patrie, car ceux qui y résident cherchent à se jeter à tout prix surtout aux États-Unis, au Canada, en France et même dans les Antilles. Quant à ceux qui vivent ailleurs, ils ne veulent plus y retourner en raison de l'aggravation du climat de l'insécurité publique qui y règne.

Bien que d'autres raisons accompagnent cette psychose de peur, cette inquiétude découlant le plus de l'insécurité humaine, représente la plus brûlante question du milieu haïtien. Et, ceci n'est pas un fait nouveau. Par exemple, en 1957, il y avait eu de façon timide, des fuites des fils de ce pays pour des raisons de dictature et persécutions politiques. L'après 1957, est venu confirmer ce fait par la vague d'immigrants qui ont continué à quitter Haïti, y compris les clandestins qui l'ont fui dans des circonstances extrêmement lamentables. Tous les gouvernements qui ont accédé au pouvoir de 1986 à nos jours, au lieu d'identifier les différents aspects de ces fuites continues, éradiquer cette peur grandissant dans le pays, sont tous passés outre de véritables causes de l'insécurité publique. Ce virus social continue donc à ronger la société haïtienne. Il élimine de près ou de loin, ses secteurs porteurs de développement durable, paralyse son commerce, détruit son tourisme et refroidit ses relations internationales.

Le peuple qui a applaudi la destitution de l'Armée haïtienne en 1991, a demandé une fois de plus, le retour de cette Armée à cause de l'insatisfaction des services que fournissent la Police et des soldats étrangers venus de partout sous la bannière de la MINUSTAH. Pour leur part, les Nations Unies, dans leur politique de tenir une mission de paix dans le monde, ont déjà délégué des militaires et des policiers en Haïti à travers l'Organisation des Nations Unies (l'ONU) et l'Organisation des États Américains (l'OEA) en février 1993. Le 23 septembre de la même année, le Conseil de sécurité des nations a autorisé la mise sur pied et le déploiement de la mission des Nations Unies en Haïti (MINUHA) et successivement MIO, MNF, MANUH, MITNUH, MIPONUH, MINUSTAH. Signalons que la MINUSTAH a été remplacée par la MINUJUSTH en avril 2017, pour appuyer la Justice en Haïti. Bien qu'elles y fussent et est encore présentes en Haïti, la situation n'y a pas totalement changé, en raison des différents éléments fondamentaux et complexes constituant la recrudescence du phénomène de l'insécurité publique dans cette Île.

En définitive, posons ces questions :
- Quelle est la cause fondamentale de cette recrudescence ?
- Quelle est la vraie solution de cette problématique de l'insécurité publique ?
- L'instabilité de la sécurité publique qui règne en Haïti est-elle irrémédiable ?

- Les autorités constituées, sont-elles vraiment incapables de dégangstériser le pays et parvenir à une société de Paix ?
- Entre la Police nationale et les groupes de gangs armés, qui devrait défier l'autre ?
- N'y a-t-il pas de techniques policières efficaces pour pallier ce phénomène ?
- Haïti est-elle réellement un pays qui ne peut pas être sécurisé ?

À partir des divers enjeux que nous allons énumérer, nous tenterons d'identifier les véritables causes qui sont étroitement liées au phénomène de l'insécurité publique en Haïti, lesquelles nous permettront de répondre à ces sept questions que nous avons posées plus haut, les réponses trouvées relativement à ces interrogations, nous faciliteront de proposer des pistes de solutions pour pallier le phénomène de l'insécurité publique en Haïti. Un pays trop longtemps victime des exactions des gens de non-droit!

Notes

* **MIO** : *Opération multinationale d'Interdiction maritime.*

* **MNF** : *Force multinationale.*

* **MINUHA** : *Mission des Nations Unies en Haïti.*

* **MANUH** : *Mission d'Appui des Nations Unies en Haïti.*

* **MITNUH** : *Mission de Transition des Nations Unies en Haïti.*

* **MIPONUH** : *Mission de Police des Nations Unies en Haïti.*

* **MINUSTAH** : *Mission des Nations Unies pour la Stabilité en Haïti.*

* **MINUJUSTH** : *Mission des Nations Unies pour l'Appui à la Justice en Haïti.*

CHAPITRE I

SECTION 1 - BRÈVE HISTORIQUE DE L'EX-ARMÉE D'HAÏTI

À l'envahissement des Marines américaines en 1915, l'armée haïtienne héritée de la lutte de libération nationale fut remplacée par un corps de suppléments indigènes que la Constitution haïtienne de 1918 baptisa, *Gendarmerie*. Dans les années précédant 1994, le gros des 7 500 soldats était concentré dans la capitale (Port-au-Prince), dans les villes les plus importantes, les casernes et les avant-postes. Suite à la décision de l'Ex-Président Jean-Bertrand Aristide de réduire les effectifs de l'Armée à 1 500 hommes et constituer à ses côtés une Police indépendante, ce corps était voué à disparaître au cours de l'année 1995, au fur et à mesure que de jeunes policiers allaient sortir de l'Académie nationale de Police, qui ouvrit ses portes en février 1995.

À la Noël 1994, il ne restait plus que 1 500 militaires, les autres avaient appris qu'ils allaient toucher leur dernière paye. Le 23 décembre de la même année, une cinquantaine de militaires démobilisés envahit en armes le Quartier général de l'armée. Le 26 avril, les 1 500 derniers soldats reçurent l'ordre d'intégrer la Police intérimaire formée à la base navale de la Baie de « *GUANTANAMO* », située au Sud-Est de Cuba. Puisque l'armée comptait auparavant 7 000 hommes, l'Ex-Président américain Thomas Jefferson Bill Clinton demanda que les effectifs de la nouvelle force de police, fixés à 4 000 membres, soient doublés.

1.1 - De l'armée à la Police : Une Police hybride

Que sont devenus les anciens militaires ? Comme prévu, la Police intérimaire fut dissoute au début de l'année 1996. Environ 1 400 de ses membres ont été peu à peu intégrés la nouvelle force de Police nationale d'Haïti. Certains officiers sont même devenus commissaires de Police. On les rencontre pour la plupart, aux rangs de la Direction générale (DG), ou de l'Inspection générale (IGPNH), ou des divisions départementales.

D'autres se sont réintégrés paisiblement dans la vie civile, certains d'entre eux, ont été recrutés par des compagnies de sécurité privée. Par contre, la Police nationale haïtienne est devenue très affaiblie, ce qui s'explique par la vague d'immigration des agents, par des décès, des révocations, des démissions, la carence de moyens logistiques et par la croissance fulgurante des gangs de rues et des kidnappeurs, entre autres...

1.1.1 - Profil d'Haïti sur le plan de la sécurité publique entre 1957 et 1986

Sous l'administration de l'ex-Dictateur François Duvalier, bien qu'il y eût de répressions politiques, de dictature, de mauvais traitements chapeautés par des macoutes et des miliciens, il n'y avait pas eu autant d'actes de l'insécurité publique qu'on connait aujourd'hui. Les gens ont toujours témoigné qu'ils étaient plus en confiance lorsqu'ils circulaient à travers les rues de Port-au-Prince. C'étaient les conditions de vie plus adéquates des gens issus des villes de province qui ont expliqué ce climat de paix qu'a connu Haïti, notamment la capitale (Port-au-Prince).

Parallèlement aux actes ignobles qui se sont perpétrés en plein jour à travers Port-au-Prince, beaucoup d'Haïtiens qui ont vécu l'époque duvaliériste, ont affirmé qu'Haïti fut tellement sécuritaire qu'on pouvait dormir avec les portes ouvertes et circuler à des heures indues sans aucune inquiétude. Même les gens venant des villes de province en voyage à Port-au-Prince, pouvaient regagner leur demeure sans problèmes, même s'ils y étaient arrivés à minuit, une heure ou deux heures du matin. Mais, ils n'ont jamais tenu compte de la réalité du moment à savoir l'exode rural qui n'existait pas à flots dans la capitale. D'où l'inexistence de tous ces petits voyous qui créent des troubles incessantes dans le pays. Et, cette explosion démographique est due en raison de la dégradation du sol, de l'impuissance de l'agriculture et la tuerie des cochons des paysans qui représentait leur compte d'épargne. Un abattage qui d'ailleurs a été permis en 1984 sous le gouvernement de l'ex-Dictateur Jean-Claude Duvalier. Vous pouvez comprendre que c'est tout un enchaînement de problèmes qui résulte ce phénomène de l'insécurité dont on parle.

1.1.2 - Quelle aurait dû être la réaction de l'Ex-Président J-B Aristide face à l'Armée d'Haïti en 1991 ?

L'Armée d'Haïti, étant issue de l'indigénisme, a vécu longtemps sous l'obédience des deux gouvernements dictatoriaux de 1957 à 1971 et 1971 à 1986. Les soldats les moins formés avaient eu une attitude de tortionnaires et avaient exercé des représailles envers la population haïtienne. Ayant été chosifiés par leurs supérieurs et influencés par le régime d'alors, ils ont laissé un mauvais souvenir à la collectivité haïtienne.

En revanche, l'Ex-Président Jean-Bertrand Aristide qui était alors un prêtre catholique, prônait une politique de la théologie de la libération, nourrissait l'ambition politique et se réclamait haut et fort, le défenseur de la masse populaire. Pendant longtemps, il a combattu contre les deux régimes dictatoriaux précités et a déploré énergiquement, toutes les formes d'abus, d'injustice et de répressions perpétrées contre le peuple haïtien. L'Année 1986 a marqué la chute du dictateur Jean-Claude Duvalier et a été suivie de plusieurs coups d'État, de gouvernements provisoires et la liquidation des affaires courantes des administrations publiques. Le 7 février 1991, Aristide a accédé au pouvoir et l'une de ses plus grandes priorités, était la destitution de l'armée en raison des fréquentes bavures commises par les soldats et à cause de leur mauvais comportement du passé; l'Ex-Président Jean-Bertrand Aristide voulait enfin anéantir le système tortionnaire, initié par les macoutes et améliorer les conditions de vie de la masse populaire.

Par contre, au lieu de destituer l'Armée, il aurait dû faire une étude systématique de cette institution dite corrompue et répressive, l'épurer à tous les niveaux. Cette épuration aurait priorisé l'identification des mauvais soldats et les ramener à l'ordre, un programme de formation intellectuelle et professionnelle plus poussée à leur égard, des transferts alternés, enfin, un bon brassage aurait contribué à un meilleur contrôle des corps. Naturellement, une telle politique aurait fait l'objet de tout un processus de changement radical au sein de cette armée. Après avoir abouti à une armée normale, formée civiquement, professionnellement et intellectuellement, on aurait eu des soldats qui auraient participé, non à la répression sur le peuple, mais à la garantie d'un bon service à leur pays, à la mise en confiance de toute la communauté haïtienne et à la protection de leur territoire.

Le peuple a accueilli avec ardeur le démantèlement de cette armée, mais, une fois remarqué que la nouvelle force de police, qu'il a demandée ne pouvait pas, pour des raisons d'effectifs, de matériels et d'encadrement, répondre de façon efficace à son attente de sécurité, ce peuple, pour garantir sa sécurité, a crié au retour de l'Armée qu'il a lui-même boudée en 1991. Dans ce cas, ce peuple avait besoin d'une formation civique pour comprendre que ces deux entités de l'État n'ont plus les mêmes missions. Disons que dans un contexte d'insécurité publique aussi imposant que celui d'Haïti, la présence de l'armée pourrait contribuer à dissuader les gangs de rue et les kidnappeurs dans l'exercice de leurs actions illégitimes. Dans des opérations dans des zones chaudes, telles : Cité Soleil, Bel-Air ou à Matissant, l'Armée pourrait être sollicitée à accompagner la Police pour y réaliser des opérations plus fructueuses.

Mais cela ne veut pas dire pour autant que ces deux entités soient confondues dans leurs missions. Leur rôle se diffère donc, l'une de l'autre. Nous avons entendu le peuple se plaindre de l'insuffisance des agents de police, commenter la montée de l'insécurité publique et culpabiliser à tout bout de champ la Police nationale, mais il n'a jamais tenu compte de la complexité du milieu haïtien et la Police ne peut résoudre tous les problèmes en raison des cachettes existantes dans les cités, de son effectif et du manque de matériels auxquels, elle est confrontée.

1.1.3 - Différence entre l'Armée et la Police

De manière générale, l'armée se définit comme une force militaire composée de plusieurs corps et elle pour mission de sauvegarder le territoire national. Dans tous les pays, l'Armée œuvre dans la lutte antiterroriste et le contrôle des frontières. Elle reste dans sa base en cas d'attaques d'ennemis et garantit la souveraineté et la sûreté de l'État. La Police pour sa part, a pour mandat de servir et protéger la population civile. Il ne faut pas s'attendre que l'Armée doive s'immiscer dans toutes les patrouilles ordinaires dans les juridictions d'un pays qui d'ailleurs, relèvent de la compétence policière.

Comme nous l'avons déjà souligné, dans certaines opérations où la Police haïtienne se révèle impuissante pour des raisons de rapports de force aux bandits, de matériels et d'effectifs, le peuple réclame toujours le retour de l'Armée sans penser que ces deux corps n'ont pas les mêmes rôles. Loin d'être hostile à ce retour, nous pensons qu'au lieu de confondre ces deux institutions qui ont des attributions différentes, il faudrait penser à la structuration de la Police pour mieux accomplir sa mission, sans bannir l'idée de reconstituer l'armée ou créer la gendarmerie qui devra s'occuper de la sauvegarde nationale de la reconstruction du pays, du reboisement, de la sécurité de la faune, des zones frontalières et maritimes. Par contre, nous doutons fort que le peuple haïtien ait besoin de s'expérimenter avec une armée tortionnaire. Des gens qui le prennent avec des coups de pied de bottes, des coups de crosses de fusils, des bousculades, des gifles, des traitements brutaux et inhumains.

SECTION 2 - LA MINUSTAH

a) Définition

La MINUSTAH se définit comme mission des Nations Unies pour la stabilité en Haïti. Elle a été commissionnée dans le pays en juin 2004 dans le but de pacifier Haïti en raison des différents troubles qu'a connus ce pays au cours des dernières années. Elle se trouve en ce moment avec des mandats continuellement renouvelés. Malgré tous les efforts déployés par cette mission pour atteindre son objectif, la population vit une situation intenable avec l'insécurité publique qui étend ses racines plus précisément à Port-au-Prince et éventuellement dans d'autres villes de province. Le peuple, sans tenir compte des diverses caractéristiques de l'insécurité publique, se plaint toujours de la performance de la MINUSTAH qui n'a pas tout à fait régularisé la situation d'insécurité.

b) Sa mission

Il ne faut pas oublier que l'objectif de sa mission n'est pas de servir et de protéger obligatoirement la population haïtienne, la protection du peuple haïtien, relève donc de la tâche de la Police nationale d'Haïti en tout premier lieu. Étant donné que la MINUSTAH est quand même limitée dans sa mission de paix. Elle se montre dans un premier temps, très prudente à s'immiscer totalement, dans le travail des policiers haïtiens puisque son rôle, dit-elle, est celui d'accompagnement de la Police nationale d'Haïti. C'est pour cela que souvent, elle n'intervient pas directement dans les tâches relevant de la compétence de la Police nationale d'Haïti. Par là, on comprend qu'il y a des limites à respecter.

2.1 - Ses supports et l'interprétation du peuple en cas de crise

Comme la Police nationale d'Haïti, la MINUSTAH effectue dans un esprit d'accompagnement et de support, des patrouilles de prévention et de sécurité routinière. On rencontre ses soldats notamment dans la sécurité des établissements s'occupant des préparatifs électoraux, entre autres, au niveau des administrations publiques. Quand il y a quelque chose qui ne va pas en sécurité publique, tout le monde commente cette mission. Pour notre part, la MINUSTAH ne remplace plus la police, elle est là en renfort et en cas de pépins. On peut dire aussi que la présence de la MINUSTAH sert à dissuader les bandits et les malfrats. On ne peut pas demander aux soldats d'endosser toute la responsabilité de la sécurité du pays; s'il en est ainsi, quand ils sont demandés de retourner chez eux, la sécurité publique va demeurer toujours inefficace, car, pendant qu'ils offrent leur assistance, le gouvernement devrait profiter de cette occasion pour jeter les bases adéquates en vue de l'implantation d'une sécurité publique durable. Ce qui importe pour le peuple haïtien, c'est de s'évertuer en vue d'avoir une Police solide et d'emblée, ayant un effectif suffisant et structuré, pourvue de bons moyens logistiques pour exercer sa fonction.

Dans l'intervalle des années 1991 à 2004, nous avons constaté que des jeunes se sont mis à la disposition d'Haïti pour offrir leurs services comme policiers; nous avons vu également des gens qui ont abandonné leurs études pour venir passer des nuits blanches à la belle étoile devant des bureaux de recrutement. Ils se bousculaient pour occuper les premières places en vue de pouvoir s'inscrire dans la Police nationale d'Haïti.

Il faut dire par là qu'il y a toujours de la volonté du côté des jeunes pour s'offrir aux services du pays. Le but principal de l'État serait de demander aux leaders des autres pays avec lesquels il coopère, d'envoyer des experts pour l'aider à professionnaliser la Police nationale d'Haïti. Étant donné qu'on forme de nouveaux policiers, les responsables de la sécurité publique devraient mettre à leurs dispositions des possibilités afin que les fils du pays puissent s'intégrer réellement et fournir un travail satisfaisant. Car, ils connaissent mieux le pays et peuvent en commun accord avec les soldats étrangers communiquer avec le peuple en lui donnant une assistance en permanence. C'est aberrant de voir qu'il est très difficile pour un jeune de franchir les premières étapes pour se faire recruter dans la Police, alors que dans les commissariats les plus reculés, il y a des effectifs réduits de deux à trois policiers qui ne peuvent même pas répondre aux appels de la population, non seulement par la quantité qui est en service, mais aussi par les multiples problèmes qui accompagnent leur affectation sur le plan d'équipement, de moyens de locomotion et de logistique.

2.1.1 - Les conséquences du départ prématuré de la MINUSTAH

Nous voudrions souligner une erreur que le peuple haïtien a toujours commise, l'euphorie populaire fait qu'on court après ce qu'on a, sans savoir, qui l'on aura par la suite; cela a toujours été l'objet d'une faute grave qui se répète en Haïti. La plupart de gens protestent énergiquement contre cette mission pour cause d'insatisfaction, parallèlement, qui va la remplacer et à quel prix ? Le peuple haïtien, est-il prêt à résoudre les problèmes qui se sont accumulés aux siècles ? Cette situation aboutira-t-elle aux meilleures ou aux pires des choses ? Est-ce pour une amélioration des conditions de vie de la population ?

Ces questions doivent toujours être posées. Tant et aussi longtemps que le peuple haïtien ne sera pas en mesure de tenir cette logique, il sera toujours sujet à tourner autour du pot et ne connaîtra pas d'amélioration de sa situation. Au contraire, nous pensons que la présence des étrangers peut signifier la pacification des zones réputées chaudes de Port-au-Prince et la solidification du corps de Police en cas de franche collaboration. Attention ! Nous ne disons pas que les soldats étrangers doivent rester éternellement dans le pays, oh non ! Nous voulons proposer au gouvernement haïtien de profiter de leur présence pour solidifier la Police nationale.

2.1.2 - L'insécurité publique en Haïti, a-t-elle des impacts directs sur les soldats onusiens ?

Bien sûr, mis à part Marc Bourque, l'ex-policier de la GRC (Gendarmerie Royale du Canada) qui, malheureusement a été lâchement abattu à Cité Soleil au Nord-Ouest de la capitale, d'autres des soldats onusiens ont été aussi victimes de l'insécurité publique. À titre d'exemple, d'après la mission onusienne en Haïti, deux Casques bleus jordaniens ont été tués le samedi 11 novembre 2006 à Port-au-Prince par des tirs d'individus inconnus pendant qu'une patrouille de routine rentrait dans sa base vers dix-neuf heures, près de la zone industrielle SONAPI (Société Nationale des Parcs Industriels) située sur la route de l'Aéroport non loin de Cité Soleil, le plus grand bidonville du pays. Ce quartier de Port-au-Prince se trouve sous le contrôle de gangs armés, bien que la présence de la Police haïtienne et des militaires et policiers onusiens. Les deux Casques bleus, le lieutenant Ahamed Mohammed et le caporal Rame Waff ont malheureusement péri dans cet attentat. Un premier militaire est mort pendant son transport à l'hôpital de la MINUSTAH, a précisé Jean-Jacques Simon, le porte-parole de la mission onusienne en Haïti d'alors.

SECTION 3 - LES ATTRIBUTIONS DE LA POLICE ET LE RÔLE DE L'ARMÉE DANS L'ENVIRONNEMENT

3.1 - Le désarmement à Solino par la Police et la MINUSTAH

Désarmer quelqu'un c'est s'accaparer son arme. Tout le monde sait bien que les bandits armés possèdent beaucoup d'armes de types variés, comparativement aux policiers qui sont contraints à porter des armes de poing au regard de l'article 238 de la loi du 28 décembre 1994, portant création et fonctionnement de la Police nationale d'Haïti. En ce qui a trait à l'armement individuel et collectif, assuré par l'administration, il comprend un pistolet et une arme automatique avec deux chargeurs ou un revolver et douze cartouches remis aux agents à titre de matériel de dépôt.

Plus loin, cet article soutient que seules les armes en dotation collective destinées à assurer la défense des locaux de Police et les investigations urgentes sur la voie publique sont mises à la disposition et placées sous la responsabilité du chef de poste, leur nombre est fixé par l'autorité supérieure en fonction de ces missions. Revenons maintenant aux types d'armes avec lesquels, on a doté la Police nationale d'Haïti sous la bannière de l'article précité, c'est vrai que cet armement est basé sur un article de la loi et qu'on ne peut pas l'enfreindre ou le transgresser, mais tenant compte du degré d'insécurité publique qu'Haïti a atteint ces derniers temps, est-il de mise que les agents continuent à porter un revolver de calibre 38, pour contrecarrer des bandits qui, eux-mêmes sont munis d'armes automatiques ? Peut-on, à ce moment-là, parler de rapport de force ou d'efficacité policière ? La Police, arrivera-t-elle à son dessein, qui n'est autre que de pacifier la Cité (le pays) ?

Il faut préciser que lorsque les membres de gang savent que les agents sont munis d'armes peu puissantes, ils pourront toujours défier la police, fusiller les policiers isolés et s'imposer comme bon leur semble. Par là, on pourra parler de calme apparent ou d'accalmie, mais pas d'éradication du phénomène de l'insécurité publique. Donc si les tenants ou responsables de la sécurité publique en Haïti, veulent s'attaquer à la problématique de l'insécurité publique à la source, il faudrait aussi qu'ils revoient l'article 238 de la loi du 28 décembre 1994 portant création de l'institution policière, lequel est d'après nous, incompatible à la dimension de l'insécurité publique en milieu haïtien. Cet article ne profite pas non plus à l'efficacité de la Police nationale d'Haïti en tant que garante de la sécurité de la population haïtienne.

En d'autres termes, la Police est armée d'après les règlements internes de l'institution et la gang selon son désir délictuel, ce qui a fait l'objet des incidences graves sur la population haïtienne, la tuerie des policiers en autres. Des policiers et des soldats de la MINUSTAH se sont rendus à Solino, à l'Est de la capitale en date du 12 septembre 2006, dans l'objectif d'effectuer un désarmement. Un chef de gang bien connu accompagné de deux de ses alliés a remis seulement trois armes aux soldats onusiens, l'affaire a été médiatisée et on a claironné une opération réussie à propos de cette zone.

Dans cette partie du livre, nous voudrions dire aux soldats de la MINUSTAH et la Police nationale d'Haïti qu'un désarmement plus en profondeur s'avérait nécessaire dans si grand bidonville comme Solino. Il n'est pas de mise de recevoir de bandits seulement trois armes et qu'on dise avoir réalisé un parfait travail. On sait pertinemment qu'il y en a plus et que les résidents de la zone ont même affirmé que les délinquants disposent d'une importante quantité d'armes de grands calibres. Pensez-vous que les bandits vont livrer leur arsenal pour un programme de CNDDR (Campagne Nationale de Désarmement, Démobilisation et Réinsertion) ? D'après vous, y a-t-il seulement trois armes dans un si grand bidonville comme Solino ? D'après nous, ils les ont remises parce qu'elles ne fonctionnaient plus. Ils ne remettront jamais les autres armes, car ils en ont besoin pour tenir de paisibles citoyens en otage. Tenant compte de l'immensité d'un bidonville comme Solino et de tous les gens qui y habitent, il est inconcevable que les bandits aient uniquement trois armes.

Maintenant, faisons une importante approche sur les différentes opérations effectuées par la MINUSTAH et la Police dans les zones volatiles de Port-au-Prince; que ce soit dans l'armée ou dans la Police, les mots : *Technique* et *Stratégie* y reviennent toujours, c'est des moyens mis en œuvre pour mieux réaliser ses objectifs. Si la MINUSTAH et la Police nationale d'Haïti veulent réaliser des descentes fructueuses dans les quartiers chauds de la ville, pourquoi sont-elles obligées d'annoncer leur intention à l'avance dans la presse ? Lorsqu'elles font cela, n'est-ce pas là un moyen pour les bandits de mieux se préparer à une telle intervention, se camoufler ou s'établir dans d'autres zones ?

Parallèlement, les deux chefs de gang de Solino (zone défavorisée et gangstérisée de Port-au-Prince) et de cité militaire (autre zone à haut risque) ont réclamé leur droit de vivre comme des êtres humains, alors qu'ils terrorisent, kidnappent et assassinent des malheureux depuis nombre d'années. Ils se convertissent dans CNDDR (Commission Nationale de Désarmement, Démobilisation et Réinsertion) pour obtenir certaines faveurs, mais que doit-on dire aux parents des victimes qui pleurent la mort de leurs proches qui étaient froidement abattus ? En Haïti, on peut trouver dans une famille, un seul membre qui travaille et le reste de la famille place son espoir en lui pour subvenir à ses besoins financiers. Donc, on a toujours redevances interfamiliales.

Donc, quand cette personne est tuée par un membre de gang, ce bandit cause psychologiquement la mort de tous les autres membres de cette famille. Une mère, parfois veuve ou sans mari qui a grandi et fait de l'éducation de ses enfants dans des situations économiques extrêmement difficiles, lorsque ces enfants-là sont devenus grands et prêts à lui être utiles, ils se voient être la proie de petits voyous ou des vagabonds de grands chemins et cette mère se lamente et se fond en larmes avec un mouchoir à la main, une compresse au front et un bandage à sa ceinture. Dans ce contexte, ne serait-il pas aussi important de mettre sur pied une Direction de Soutien aux Personnes Victimes des Gangs, une sorte de (DSPVG), parallèlement à la Campagne de Désarmement, de Démobilisation et de Réinsertion (CNDDR) ?

À cet effet, notre conviction chrétienne nous invite à nous référer à un verset biblique pour mieux approcher ce point. La Bible dit dans 2 Pierre, chapitre 3, verset 9 : *Le Seigneur ne tarde pas dans l'accomplissement de la promesse, comme quelques - uns le croient, mais il use de patience envers vous, ne voulant pas qu'aucun ne périsse, mais qu'il arrive à la repentance.* Sur ce, nous n'avons aucun problème avec la création du CNDDR, c'est au contraire le meilleur moyen de prendre le contrôle des gangs, mais ce dossier ne doit pas être abordé à sens unique. Si l'on crée une campagne désarmement, démobilisation et réinsertion, c'est parfait, mais que dit-on aux familles qui sont endeuillées et qui, jusqu'à présent se lamentent et pleurent pour leurs proches qui ont été lâchement assassinés par les bandits, cherche-t-on seulement à satisfaire une seule catégorie de personnes dans une société où tout le monde a droit ? La Justice haïtienne restera-t-elle toujours inefficace ? Quel genre de message cette vision des choses et ce sentiment de partialité, cristallisés dans cette rente de décision judiciaire, communiqueront-ils à notre progéniture ?

3.1.1 - Des armes illégales circulent toujours à Port-au-Prince

D'après un article publié dans le Journal de Montréal en date du 15 juillet 2007, depuis le lancement du programme national de désarmement et de démobilisation des groupes armés en Haïti, très peu d'armes à feu ont été rendues aux autorités. Dans cet article, on a précisé qu'on a récupéré 200 cents armes de guerre et plus de 6 000 cartouches, la plupart dans le bidonville de cité Soleil autrefois contrôlé par des bandits, a affirmé Alix Fils Aimé, qui dirige la Commission Nationale de Désarmement, Démobilisation et Réinsertion (CNDDR).

Selon une étude réalisée par une ONG Suisse, plus de 250 000 armes à feu circulent illégalement en Haïti en 2005, beaucoup plus que ce que détient la force de Police haïtienne. Une lutte active contre les gangs depuis la fin de l'année 2006, menée de concert avec l'ONU et la Police haïtienne, semble avoir porté de fruits suite à de nombreuses arrestations effectuées par les forces de l'ordre. Depuis que les militaires de la mission de stabilisation de l'ONU (MINUSTAH) ont pris le contrôle des quartiers de non-droit de Port-au-Prince, des chefs de gangs ont été, soit arrêtés ou tués dans des affrontements armés.

Par ailleurs, Monsieur Fils-Aimé a annoncé la formation que reçoit une centaine de jeunes qui ont quitté les groupes armés et déposé leurs armes. Selon un policier haïtien parlant sous couvert de l'anonymat, de nombreuses armes restent cachées dans les bidonvilles et peuvent être sorties à n'importe quel moment par les chimères. Les criminels notoires ont été appréhendés, ou tués, mais leurs soldats sont toujours présents avec leurs armes, met en garde Daniel Clervaux, un autre policier qui a longtemps travaillé au commissariat de Cité Soleil, le plus grand bidonville situé au Nord-Ouest de Port-au-Prince. Même si les tirs ont cessé, les armes existent toujours à Cité Soleil, il y en avait plus de 10 000 armes en circulation, a affirmé le policier.

3.1.2 - Des manifestants qui agissent sous forte impulsion

En 1991, lors de l'arrivée des premiers policiers de l'Organisation des Nations Unies (ONU) et l'Organisation des États américains (OEA) en Haïti, le peuple les a acclamés chaudement; maintenant, ce même peuple demande qu'ils partent et soient remplacés par une nouvelle gendarmerie ou les anciens militaires. Ce même comportement a été constaté en 1990, lors de l'avènement de l'Ex-président Jean-Bertrand Aristide au pouvoir quand le peuple a demandé que l'armée soit substituée par une nouvelle force de police.

Par là, nous comprenons qu'il a une certaine confusion dans la velléité de ce peuple qui est toujours prêt à organiser des manifestations pour demander des choses auxquelles, il ne sait même pas à quoi s'attendre. Si le peuple exige le retour de l'armée, il faudra qu'il pense à la résultante, il faudra aussi qu'il définisse de quel type d'Armée il a besoin, est-ce une armée qui respectera la dignité humaine, veillera à la sauvegarde nationale, protégera nos eaux contre la pollution, contrôlera le débarquement des déchets toxiques sur nos rades, défendra nos frontières, contribuera au reboisement et à la protection de l'environnement ? Ou une Armée tortionnaire qui le traque du jour le jour ?

Nous devons repréciser que nous ne sommes pas contre le retour de l'Armée ni la création de la Gendarmerie dont on parle. Au contraire, il est impensable qu'un pays soit dirigé sans l'Armée et surtout dans le cas d'Haïti. Mais si le peuple a fait une expérience avec une ancienne Force armée qui a été mauvaise pour certains et a maintenant un corps de Police affaibli et quelque peu contesté, puis une MINUSTAH qui ne donne pas totalement le résultat escompté, ce serait important de prendre une initiative éclairée pour enfin aboutir à une solution définitive de cette problématique sociétale. Les meilleures décisions à prendre, seraient de dépister les différentes composantes de la genèse de l'insécurité publique, puis, en apporter des remèdes appropriés.

Vu qu'Haïti se trouve dans une situation de non-retour et qu'il faille prendre des décisions de ce genre, il faudra qu'elles soient bien réfléchies. C'est la même chose quand le peuple choisit son dirigeant en Haïti, il croit seulement à ses paroles douces, nous voulons parler du fameux *Sweet talking*, sans se questionner sur son projet de société ou sa feuille de route. Par la suite, il se retrouve toujours embarrassé avec un leader insouciant, sans vision, corrupteur, magouilleur, sans programme de société et qui ne le mène qu'à la dérive et à la honte nationale.

L'approche que nous avait faite, est globale et c'est la même chose qui se produit dans le cas des manifestations qui ont été organisées par les étudiants contre la MINUSTAH. C'est vrai que la présence de cette mission n'a pas enrayé le phénomène de l'insécurité publique en Haïti qui s'aggrave de jour en jour compte tenu de la complexité du milieu. Par contre, son existence en Haïti a fait tout de même l'objet d'un fort pourcentage de crainte et de dissuasion en ce qui a trait à la perpétration des crimes dans la société haïtienne. Mais si on lui demande de partir sans solliciter sa compétence pour renforcer, professionnaliser la force de police, la résultante en sera la pire des choses et Haïti deviendra de plus en plus invivable sur le plan de la sécurité publique. Entendons-nous sur ce point, si le Gouvernement haïtien avait demandé aux Nations Unies de lui venir en aide moyennant que son corps de Police soit renforcé, formé et professionnalisé, il n'aurait pas été pris dans cet engrenage sociopolitique avec un corps de Police inadéquat et affaibli. Évidemment, l'ajout de nouveaux policiers à ce corps, aide beaucoup à affaiblir ce phénomène de l'insécurité publique, mais il est toujours de mise d'identifier les enjeux en vue d'obtenir un bon climat de sécurité en Haïti.

Comme nous l'avons déjà souligné, de façon générale, le rôle de l'Armée est de défendre l'intégrité de son territoire face aux menaces extérieures et d'assurer la sécurité à l'intérieur des frontières. D'après un article écrit à l'instar de l'armée indienne, E. D' Soussa, commandant de cette armée, a soutenu ceci : presque partout dans le monde, l'Armée est une force politique, sociale, voire économique reconnue. Par contre, on ignore généralement son rôle potentiel dans la protection et la restauration de l'environnement dégradé.

L'Armée a, en effet, un rôle potentiel productif et non violent dans la protection sur l'environnement; le maintien de la sécurité et l'établissement de rapports sociaux basés sur la coopération et non à l'affrontement. À l'issue de la Seconde Guerre mondiale, deux nouvelles dimensions se sont ajoutées aux attributions de l'Armée : le maintien de la paix au niveau international et les secours en cas de catastrophe naturelle. L'Armée est investie d'un cinquième rôle, celui de la protection et de la restauration de l'environnement, ce rôle est conforme à la recommandation adressée par l'Association internationale des généraux et des amiraux à la retraite au secrétaire général des Nations unies, en avril 1993.

D'autre part, les bataillons éco territoriaux de l'Armée font la prévention de l'érosion du sol, l'utilisation de nouvelles sources d'énergie renouvelable de la sécurité, l'introduction de mesures antipollution, notamment pour l'eau, la sensibilisation des populations locales à l'environnement, la plantation massive des arbres (plus de dix millions ont été mis en terre depuis dix ans).

En 1966, le premier Ministre de l'Inde d'alors, Madame Indira Ghandi, a pris des mesures draconiennes et a fait adopter et appliquer rigoureusement une loi sur la protection de la faune sauvage. Un colonel a été jugé en cour martiale pour avoir tué un *muntjac*[1] dans les forêts du centre de l'Inde. À l'instar de cette décision prise contre le colonel, nous comprenons que le rôle de l'armée ne demeure pas seulement dans la sauvegarde du territoire national, mais aussi, il réside dans le respect de la nature et la protection des animaux en autres. Et, quand nous comparons ces deux rôles, nous pouvons dire qu'il y a tout un monde de différence entre la mission de la Police et celle de l'Armée.

3.1.3 - L'Armée et son rôle.

En règle générale, l'Armée n'est plus mandatée à intervenir dans l'insécurité publique, ni à la protection des citoyens, sauf dans des cas de force majeure. Dans tous les pays du globe, les tâches de l'Armée sont bien définies et très différentes les unes des autres; nous croyons qu'Haïti n'est pas exclue de ce globe, pourquoi dans son cas, c'est l'Armée qui doit agir à la place de la Police ? Nous pensons qu'il y a là, une confusion totale dans la compréhension de ces deux rôles. Que ce soit le retour de l'Armée ou la création de la Gendarmerie, il s'avère nécessaire

---

1 *Muntjac* : n m, *Cervidé aboyeur de petite taille du Sud-Est asiatique. Dictionnaire Hachette, édition 2006, p. 1083.*

qu'Haïti se dote d'une force parallèle à la Police pour s'occuper de tout ce que nous avons cité plus haut, mais pas de la sécurité publique qui, par définition, relève de la compétence policière.

Dans tous les pays, l'augmentation des agents de Police ne résout jamais en profondeur le problème de la criminalité. Par contre, le renforcement policier peut être catalogué dans les facteurs secondaires de la résolution de la problématique de l'insécurité et peut dissuader les gens dans les grandes opérations et dans la surveillance des lieux de forte concentration humaine.

3.1.4 - La Police et son rôle

La Police a pour rôle d'appliquer la loi et doit s'acquitter en tout temps du devoir qui lui est assigné, en servant la collectivité et en protégeant la société contre les actes illégaux, conformément au haut degré de responsabilités qu'exige sa fonction. La Police doit aussi respecter et protéger la dignité humaine, défendre les droits fondamentaux de toute personne en ne s'immisçant plus dans aucun acte de corruption et d'activités illicites. Ensuite, la Police englobe tous les représentants de la loi, qu'ils soient désignés ou élus, qui exercent des pouvoirs de Police et en particulier les pouvoirs d'arrestation ou de détention. Cependant, en cas de force majeur, les pouvoirs de la Police peuvent être exercés par des autorités militaires, en uniforme ou en civil, ou par des forces de sécurité de l'État. C'est justement pour cela que nous avons parlé plus haut, de cas de force majeure. La définition des responsables de l'application de la loi s'étend également aux agents de ces services, mais une force militaire ne remplace jamais une force de Police, ni inversement.

3.1.5 - Les moyens de la Police

Les pays occidentaux connaissent des problèmes semblables de délinquance juvénile, mais les moyens de leur Police varient considérablement. La France compte un policier pour 250 habitants, alors que le Canada emploie un policier pour 470 habitants. Donc, même les pays les plus riches disposent d'effectifs limités et font parfois patrouiller leurs policiers seuls, plutôt que par deux, on sait bien le jargon policier, scandé souvent par les instructeurs, disant : *Toujours trois, parfois deux, jamais un.* Ce jargon n'est pas toujours appliqué en réalité et c'est le cas de tous les pays. Sur ce, prenons connaissance des différentes habiletés qui relèvent de la compétence policière.

CHAPITRE II

SECTION 2 - LES DIFFÉRENTES COMPÉTENCES DE LA POLICE

2.1 - Les stratégies et initiatives de New York Police Department

Les stratégies et initiatives de la Police new-yorkaise, ont été lancées en 1994 sous l'égide de William Bratton qui était alors chef de cette police, et enrichies par ses successeurs. En premier lieu, il s'agissait de :

- Débarrasser New York des armes à feu;

- Réduire la violence des jeunes dans les écoles et dans les rues;

- Mettre fin au cycle de la violence domestique;

- Reconquérir les espaces publics de New York;

- Réduire la criminalité liée aux voitures à New York;

- Éliminer la corruption;

- Établir une intégrité d'organisation du NYPD;

- Reconquérir les rues de New York;

- Se comporter avec courtoisie, professionnalisme et respect;

- Amener les fugitifs devant la justice;

En ce qui a trait à la recrudescence de la criminalité, l'analyse de James Q. Wilson et de George L. Kelling sur les fenêtres brisées « *Broken windows* » est indiscutable. La théorie développée des fenêtres brisées indiquait qu'une vitre cassée était le premier signe de dégradation dans le quartier new-yorkais. Si elle n'était pas réparée, la fenêtre deviendra cassée, puis, la maison démolie et, enfin, le quartier. Par là, disons que les premiers indices de la criminalité appelés en Criminologie

« *incivilités* », sont considérés comme un petit bouton qui devient une plaie pouvant même causer la mort. Pour prévenir la montée de la criminalité, l'essentiel de la démonstration réside dans la redéfinition des priorités de la Police pour lutter non seulement contre le crime organisé, mais aussi d'assurer des missions de tranquillité publique, de patrouille de proximité ou piétonnière.

À New York, la Police a profité de la mise en œuvre de son strict pouvoir lors des contrôles d'identité pour de petites infractions, elle a vérifié si le contrevenant n'était pas recherché pour des délits plus importants. De plus, les responsables du NYPD (*New York Police Department*) ont même la possibilité de suivre l'évolution des problèmes existant au niveau local dans leur circonscription d'action. Les réunions de *Comp Stat* sont aussi un forum dans lequel, les chefs de commissariats peuvent communiquer entre eux sur les problèmes de criminalité et sur l'efficacité de tactiques employées pour lutter contre ces problèmes. On y discute aussi du développement des plans et de méthodes sur plusieurs circonscriptions, pour faire baisser davantage la criminalité. Enfin, avec le rapport de profil de commandement du chef local, les réunions *Comp Stat* fournissent aux responsables du NYPD un moyen d'évaluation des chefs de commissariats de district et de quartier.

Lorsque des modèles criminels dépassent les limites d'un commissariat, chaque policier responsable doit pouvoir expliquer son mode de collaboration avec les autres chefs d'unités sur des stratégies communes mises en œuvre en vue de résoudre les problèmes. En effet, les chefs de service rencontrent souvent des problèmes complexes qui dépassent les limites de leur commissariat et ne peuvent pas être résolus seulement par l'application de la loi; ils demandent donc une approche intégrée en utilisant le personnel, les connaissances et les ressources de services ou unités.

2.1.1 - Police de résolution de problèmes et Police de communautés

Les défenseurs de la Police de communautés ne semblent avoir aucune réticence à intégrer la Police de résolution de problèmes. Les traits communs de la Police de communautés ou de proximités sont le recours à une visibilité policière accrue afin de dissuader les contrevenants et d'atténuer l'insécurité publique, la prévention du crime par l'information et par une participation mieux organisée de la communauté dans des activités de surveillance de quartier et, enfin, l'élaboration d'une réponse à toute la gamme des problèmes qui relèvent, d'après le public, de la compétence policière.

En effet, la Police de communauté suppose que les policiers auront une liberté accrue d'entrer en contact avec les citoyens. En d'autres termes, la Police devrait travailler en étroite collaboration avec les communautés qu'elle désert. Cependant, les programmes d'action les plus ambitieux visent à une réserve de respect et de soutien où les policiers pourront puiser pour résoudre les problèmes sans recourir à des procédures pénales. Le concept de Police par consensus n'est pas nouveau et il prend sa source au début du XIXe siècle. Le véritable test de la Police consensuelle tient compte des problèmes urbains dans le contexte actuel de diversité raciale et de multiethnicité et dans l'évaluation de son succès à résoudre ou à atténuer de manière économique et efficace, les problèmes des années mille neuf cent quatre-vingt.

Le premier thème est la découverte de la diversité du travail policier et la grande partie qui y occupent les tâches consacrées à d'autres fonctions que la répression de l'activité criminelle grave. On estime que ces tâches peuvent occuper jusqu'à 80 % du quart du travail policier. Egon Bittner, expert en gestion policière, a mis en évidence la diversité des problèmes que la Police était appelée à résoudre et a reconnu sa dette dans toutes les matières concernant la Police.

Le second thème est le pouvoir discrétionnaire du policier de procéder à une arrestation pour résoudre un problème qui n'est pas de nature criminelle grave. La Police peut arrêter une personne pour un délit mineur afin d'envoyer cette personne devant le tribunal. Dans ce contexte, l'application de la loi n'apparaît que comme un moyen de résoudre un problème d'importance qui est sans lien avec la perpétration d'un crime. À titre d'exemple, la Police peut procéder à l'arrestation d'une personne suspecte aux fins d'enquête. C'est ce qu'on appelle le pouvoir discrétionnaire de la police.

Plus loin, Goldstein souligne une fois de plus que la Police a recours à l'arrestation pour des raisons autres que la traduction en justice d'une personne qui a commis un délit criminel. La Police de communauté est brièvement traitée dans le contexte du projet de Police en équipe avec la ville de Cincinnati. D'abord, Goldstein tient compte de l'importance du temps que la Police consacre aux affaires criminelles et considère cette mise en cause du stéréotype de la fonction policière comme ayant « *une énorme signification* ». Ceci l'amène à développer un cadre conceptuel dans lequel, la Police est une composante de l'administration municipale chargée d'une de ces fonctions.

2.1.2 - Les rapports de la Police japonaise avec les Yakusa

Maintenant, voyons ce qui s'est passé au sein de la Police japonaise en ce qui concerne l'enquête criminelle. La Police japonaise obtient d'excellents résultats dans la lutte contre la criminalité ordinaire, mais ses rapports avec les Yakusa sont plus difficiles et plus complexes. Des scandales liés à la corruption au sein de la Police, éclatèrent au début des années quatre-vingt, principalement à Osaka et Kobe, territoire des Yamaguchi-Gumi. Quoique l'affaire ne soit guère allée plus loin que des cadeaux, des invitations, des fêtes, des pots-de-vin mineurs et de menues faveurs furent accordées. Ces révélations choquèrent la population qui respectait la Police, car, elles mettaient au jour un iceberg de corruption.

Un scandale similaire, quoique plus sérieux, fut révélé à Tokyo au cours des années quatre vingt. Le rapport étroit entre Yakusa, le monde des affaires et de la politique pose d'énormes problèmes à la Police. Un politicien peut payer la caution d'un parrain Yakusa, mettant alors les policiers ordinaires dans une situation embarrassante. Ce qui peut conduire à de petits arrangements : les Yakusa peuvent sauver la face à l'occasion en permettant l'arrestation des membres, pendant que la Police libère en échange des vrais patrons et ferme les yeux sur le trafic de femmes ou l'exploitation de travailleurs clandestins.

La Police japonaise et les Yakusa portent un grand regard assez semblable sur le monde. Les deux organisations sont marquées à droite, autoritaires nationalistes respectant la tradition des samouraïs et détestant l'influence étrangère. C'est d'ailleurs une des raisons pour lesquelles les Japonais ont souvent fait montre d'une certaine mauvaise volonté quand ils ont dû coopérer avec des polices étrangères cherchant à s'attaquer aux Yakusa. Quand bien même, la coopération internationale est le seul moyen de frapper efficacement le crime organisé. La Police a craint des fuites d'informations sensibles à la destination des médias, elle a craint aussi que les étrangers se montrent incapables de comprendre les finances de la culture japonaise.

Leur allégeance se trouve divisée entre leur dévotion pour la loi, l'ordre et l'envie de ne pas voir leurs compatriotes prisonniers d'étrangers, mais il semblerait qu'un changement de mentalités soit fait. En août 2003, le journal *Mainichi Shimbun* rapporta que la Police avait demandé le déploiement de 10 000 hommes supplémentaires pour combattre la pire vague de criminalité depuis la guerre, alors que dans le même temps, une nouvelle loi permettait de poursuivre les parrains pour les crimes commis par leurs subordonnés.

2.1.3 - Le professionnalisme policier

Il se définit par la capacité de symbiose de la Police avec la communauté. On ne peut rien ajouter d'autre à cette formule que les remarques qui s'imposent à l'évidence : elle est vague au point d'être creusée. De plus, elle autorise une *pléthore*[2] de stratégies opérationnelles. Toutefois, ce qu'il y a de véritablement étonnant dans cette formule, c'est que des cadres de la Police, assistés d'un groupe d'experts, aient même pu la proposer une définition du professionnalisme policier.

La revendication par les policiers du statut de professionnel a coïncidé, à tout le moins en Amérique du Nord, avec l'accroissement du prestige

---

2 **Pléthore** : *N f, Abondance excessive, ex : il y a une pléthore de postulants pour cet emploi, Dictionnaire, Hachette édition 2006, p. 1191.*

de la fonction et surtout avec l'augmentation considérable des gains salariaux de la Police. Le professionnalisme policier a essentiellement été défini et décrit par le maintien de l'ordre, la notion d'ordre étant définie par des requêtes particulières qui émanaient de l'autorité publique. Au contraire, la première réforme de Police qui a été instaurée dans les années vingt, a insisté sur l'indépendance de la Police par rapport au pouvoir politique sur les aspects étroitement légaux du travail policier, ainsi que sur la lutte contre la corruption. De nos jours, il est époustouflant de voir que dans certains pays, la Police travaille comme cobaye du pouvoir en place.

2.1.4 - La mesure de l'efficacité des opérations policières

Jean Paul-Brodeur, pour sa part, a relaté qu'une série de rapports de recherche d'une remarquable solidité a été produite à la suite des recherches empiriques conduites dans plusieurs villes des États-Unis, avec la collaboration des services de Police de ces villes. Plusieurs de ces recherches ont porté sur les différentes modalités de la patrouille policière. Ces recherches ont donné lieu à trois constats d'échecs majeurs qui ne sont plus véritablement remis en cause.

En effet, le premier est axé sur la patrouille motorisée relative à la patrouille policière en voiture. Des recherches menées surtout à Kansas City, aux États-Unis, plus précisément dans l'État de Missouri, ont démontré que la simple présence de véhicules de Police n'avait pas d'effet discernable sur les taux de criminalité et, de façon plus générale, sur le maintien de l'ordre. L'expérience consistait à choisir trois quartiers comparables de Kansas City et d'augmenter la patrouille policière en automobile dans l'un, de la supprimer dans l'autre et de la laisser telle qu'elle était avant l'expérience dans le troisième.

Ces changements réalisés en raison de la présence de véhicules peints aux couleurs de la Police, n'ont pas donné de résultats escomptés au plan de l'évolution du taux de criminalité. Ce sont sensiblement les mêmes dans les trois quartiers choisis. Le deuxième parle de la rapidité de l'intervention. Un des points positifs de la stratégie policière américaine était que la rapidité d'intervention maximisait les probabilités d'appréhender les coupables. Les recherches menées à Kansas City et dans d'autres villes américaines ont invalidé ce postulat. Les recherches ont montré que les efforts de la Police pour intervenir rapidement étaient annulés par le retard que prenaient les victimes à solliciter l'aide de la Police.

La troisième traite de l'enquête policière. Une série d'études a considérablement réduit les attentes que l'on pouvait avoir par rapport à l'enquête policière. Pour l'essentiel, les études ont démontré qu'il était relativement rare que la Police trouve l'identité d'un coupable en suivant le filon d'indices factuels, quelles que soient l'ampleur et le degré de sophistication des moyens techniques utilisés.

Dans les cas où une personne victime, témoin, délateur ou informateur ne pouvait révéler à la Police le nom de l'auteur (e) de l'acte criminel, il y avait peu de probabilités que celle-ci découvre l'auteur(e) d'un crime. La signification de ces constatations pourrait difficilement être exagérée. Les opérations de la Police nord-américaine reposaient toutes entièrement sur la triple idée que la patrouille en voiture avait des effets dissuasifs marqués, que la rapidité d'une intervention garantissait que les coupables seraient arrêtés et que l'enquête policière produisait toujours un effet positif, pour peu qu'elle ait été menée avec vigueur. Ces recherches ont même ébranlé les piliers de la Police nord-américaine.

2.1.5 - La patrouille de proximité : Une stratégie efficace dans le cas de la Police nationale d'Haïti (PNH)

Dans une perspective stratégique d'efficacité de la Police nationale d'Haïti, il serait très important de développer une stratégie de Police de proximité. Nous voulons montrer comment cette proximité de la force de Police envers la population pourrait contribuer non seulement à la tranquillité de la capitale d'Haïti (Port-au-Prince), mais aussi, dans l'ensemble du pays.

Dans tous les pays, à l'exception des bandits, tout le monde aime voir la Police, les enfants en particulier. Lorsqu'une patrouille de Police arrive dans un quartier, les enfants qui l'admirent, communiquent par leur attentif regard, qu'ils veulent se rapprocher d'elle, lui toucher, non seulement pour dire aux agents qu'ils aimeraient être policiers également, qu'ils adorent leur uniforme, leur voiture de patrouille, mais aussi pour leur fournir des éléments d'informations qui pourraient être très utiles à leurs enquêtes criminelles, au cas où ils utiliseraient avec intelligence, la philosophie de Police de proximité.

Nous ne voulons pas dire que la Police doit utiliser des enfants pour recueillir des renseignements qui peuvent être dangereux pour eux, loin de là, nous voulons plutôt faire savoir que si la Police se fondait dans la population et collaborait avec le public, elle pourrait plus facilement trouver certaines informations qui pourraient servir de pistes d'information dans le cadre de son investigation criminelle. En d'autres termes, pour utiliser un jargon policier utilisé fréquemment par les instructeurs de police, la population devrait être les yeux et les oreilles de la Police. Parfois, tout dépend de l'approche qui a été faite, la personne que la Police a côtoyée, ne se rend même pas compte qu'elle a donné des indices pouvant faciliter l'investigation policière. Par contre, cela exige un haut niveau de psychologie, d'analyse et de discernement des enquêteurs.

Dans la deuxième approche, nous allons expliquer une dynamique traditionnelle qui comporte toute une bonne stratégie et qui est toujours fructueuse dans le cadre d'une investigation policière. Jadis, à l'époque où notre père courtisait notre mère, les jeunes hommes n'étaient pas aussi instruits comme ils le sont aujourd'hui, mais ils utilisaient des techniques extraordinaires pour savoir à qui ils avaient affaire et comment gagner le cœur d'une jeune fille. Les astuces qu'ils avaient employées étaient les suivantes :

Ils se familiarisaient d'abord avec ces personnes :
a) Les voisins de la jeune fille.
b) Ses proches : Ses frères et sœurs et ses meilleur(e)s ami(e)s.
c) Les enfants qui cohabitaient avec la fille.

Puis, ils développaient graduellement et patiemment une amitié avec son père et sa mère qui, généralement, étaient toujours plus difficiles à conquérir.

Enfin, le jeune homme s'approchait au fur et à mesure de sa vraie cible qui était la jeune fille, parce qu'après avoir jeté toutes ces bases, il avait 95 % de chance de s'accaparer du tendre cœur de cette jeune fille.

Donc, les enquêteurs qui sont d'ailleurs des professionnels, devraient procéder de la même manière pour qu'ils soient fructueux dans leurs investigations. Il ne faut pas oublier que la Police n'est plus omniprésente; même dans les pays où il y a des effectifs plutôt adéquats, l'omniprésence policière n'existe pas. C'est pour cela qu'on installe des dispositifs de sécurité de haute portée dans les diverses zones de Londres (Angleterre), la ville la mieux équipée de caméras de surveillance au monde. Quant aux États-Unis, l'organisation policière est aussi incroyable, que ce soit par la quantité d'agents, le réseau d'informations, caméras, satellites et radars. Dans ces pays, ces dispositifs de sécurité sont vraiment impressionnants. La Police nationale d'Haïti pour sa part, ne dispose malheureusement pas de toutes ces ressources; si elle veut réellement être efficace, il est indéniable qu'elle sollicite en tout temps la coopération de la population. D'autant qu'Haïti a beaucoup de bidonvilles servant de cachettes aux bandits et aux malfrats. Nous insistons sur ce point parce que les résidents d'un quartier représentent les témoins oculaires, auriculaires et quotidiens de tout ce qui s'y passe en termes de criminalité, de cambriolages, de vandalisme et même de kidnapping dans une communauté. D'où l'importance d'une bonne collaboration entre la Police et la population.

SECTION 3 - LES RAISONS DE L'IMPUISSANCE DE LA POLICE HAÏTIENNE À LA CITÉ SOLEIL ET LES STRATÉGIES UTILISÉES PAR DIVERS CORPS DE POLICE DANS LE MONDE

Les raisons fondamentales de l'impuissance de la Police à Cité Soleil, ont plusieurs facettes. Mis à part les hauteurs du pays, l'aire métropolitaine est très mal construite; avec l'exode rural qu'a connu

Port-au-Prince au cours des dernières années, elle est devenue un vaste chantier de constructions désordonnées dans les différents angles de la capitale. Par exemple, depuis la route nationale numéro 1 jusqu'aux confins des Varreux (au Nord-Ouest de la capitale d'Haïti), se délimite une immense plaine de bicoques ou de taudis construite au gré de leurs propriétaires sans que l'État n'impose les critères de construction à la population, et le cas n'est pas différent dans d'autres zones à haut risque de Port-au-Prince. Nous voulons parler aussi de Solino qui est un vaste bidonville dans la commune de Delmas. D'ailleurs, nous constatons ce fait même dans les cités des villes de province.

Puisque Cité Soleil est un bidonville de 300 000 habitants environ, il est reconnu comme le quartier le plus chaud de Port-au-Prince. Il renferme donc de longs corridors et de cachettes et que les bandits y trouvent de vrais abris pour s'échapper aux opérations policières. Comme bon nombre de policiers ont été déjà victimes des bandits armés dans cette zone, la Police devient très prudente à s'investir au cœur de ce ghetto pour y réaliser des descentes fructueuses. Bien que divers raids policiers y aient été effectués, cela n'a pas empêché que l'insécurité publique s'installe et étende ses maillons dans la capitale haïtienne.

3.1 - Difficultés de la PNH face à la croissance des gangs de rue et à l'insécurité publique

En Juin 1995; la première promotion de la nouvelle force de Police nationale d'Haïti, a été graduée, puis, elle a été déployée à travers certains départements du territoire de la République, notamment dans les grandes villes. Depuis, d'autres promotions de façon continue ont renforcé l'effectif déjà en fonction; malgré les conditions difficiles de travail, et du manque de matériel, les agents se sont efforcés de servir et protéger la population. Avec le temps, cette force s'est réduite considérablement en raison d'un nombre important d'officiers qui ont immigré et aussi de ceux qui meurent, y compris ceux qui ont remis leur démission.

Toutes ces raisons fondamentales ont occasionné que l'institution policière a enregistré une sérieuse diminution d'agents, d'où une perte de contrôle d'une zone à haut risque comme Cité Soleil, dans laquelle, des groupes armés grandissent comme des champignons. Comme nous en avons déjà fait état, les policiers qui, d'après les règlements internes de l'institution policière, doivent être munis d'armes de poings, un revolver de calibre 38 (*Smith and Wesson*), se retrouvent en face de bandits qui ne sont passibles d'aucune loi et qui utilisent des armes de grande portée comme bon leur semble pour prendre des zones en otage et défier la Police, car tenant compte de leur important armement, il n'y a pas lieu de parler de rapports de force entre les policiers et les bandits.

Donc, si on analyse ce *paradoxe*[3] en profondeur, on finira par comprendre que l'impuissance de la Police, qui est constatée dans certaines zones depuis tant d'années, ne se résume pas par son manque de volonté de travailler, mais par les embûches rencontrées dans l'exercice de ses fonctions. Il faut signaler que la Police haïtienne fournit un travail efficace dans des circonstances extrêmement difficiles. Nous profitons de cette occasion pour présenter nos sincères félicitations à

---

3   *Paradoxe* : *N m, proposition contraire à l'opinion commune. Voir Dictionnaire Hachette, édition 2006, p. 1191.*

toute l'institution policière pour le service fourni dans des situations particulièrement difficiles. Imaginons que des patrouilles policières qui sont obligées de s'aventurer dans des opérations dangereuses à travers des agglomérations qui ne sont pas fréquemment électrifiées. Pour des raisons diverses, le manque d'entretien du barrage électrique de péligre construit sur le fleuve Artibonite, situé dans le département du Centre à 52 kilomètres de Port-au-Prince, a fait qu'on n'a pas toujours eu un éclairage constant, un *black out* stationnaire a souvent demeuré surtout dans l'ère métropolitaine de Port-au-Prince. Donc, le travail policier se fait toujours avec les moyens du bord et de façon très inconfortable. On peut comprendre quel risque courent les policiers en effectuant des patrouilles parfois avec des lampes de poches dans des villes peuplées de bandits armés.

3.1.1 - La Police : Cible potentielle des bandits armés

Pourquoi les policiers représentent-ils les cibles potentielles des bandits armés ? Pour bien comprendre cet état de fait, il faut tout d'abord tenir compte des rapports de force. Les bandits professionnels ne fonctionnent pas sans armes. Donc, abattre des policiers leur fournit plus d'armes pour opérer. C'est la raison pour laquelle, les policiers qui vont travailler ou regagnent la maison, seuls, sont susceptibles de se faire descendre par les bandits armés. Nous pensons aux agents ayant trouvé la mort, soit à Carrefour, à Delmas, au carrefour de l'aviation, au portail Léogâne ou à Cité soleil.

D'autres aspects de fusillades qu'on peut considérer, ont rapport direct au côté monétaire, nous voulons nous référer au policier qui se faisait abattre du côté de Delmas 24, après avoir tiré une forte somme d'argent de la Banque. Si on tient bien compte du phénomène de l'insécurité publique en Haïti, il peut-être victime pour deux raisons fondamentales :

1) Pour que ce bandit puisse prendre cette somme d'argent.

2) Pour qu'il prenne possession de l'arme du policier.

Dans ce cas, il est-il possible que les policiers circulent en équipe pour se protéger ?

Nous sommes malheureusement impuissants de prendre une telle décision en faveur de la Police nationale d'Haïti. Toutefois, il est impérieux de se pencher sur ce cas.

D'autre part, pour que la Police fournisse le meilleur d'elle-même, il faudrait qu'elle soit, non seulement très bien être équipée, qu'elle ait incorporé des agents secrets (doubles), mais aussi qu'elle soit bien encadrée par une hiérarchie consciente de la réalité du terrain, sur lequel les agents courent d'énormes risques. L'institution policière haïtienne n'a pas besoin des chefs hiérarchiques qui donneraient uniquement des sanctions aux agents, mais qui organiseraient des séminaires de formation continue à leur intention et leur adresseraient aussi des lettres de félicitations quand cela s'avèrerait nécessaire. En effet, c'est très facile de dire qu'on va envoyer des experts pour accompagner la Police dans son travail d'enquête. Mais ces experts, après avoir passé deux à trois ans à rendre service, partent avec leur connaissance et la Police reste toujours dans le besoin des assistants. Au lieu d'envoyer ces experts pour fournir leur aide, pourquoi ne pas leur demander de donner des cours de spécialisation aux policiers haïtiens ? En retour, eux qui connaissent les coins et les recoins de leur pays pourraient y mieux intervenir. Au lieu de donner un poisson à quelqu'un, apprends-lui tout au moins à pêcher, dit un dicton. Ajoutons qu'un pays qui demande toujours de l'aide militaire ou policière d'autres pays, au mépris de ses ressources, est voué à demeurer dans l'éternelle nécessité de recourir à aux forces extérieures. Il n'y a aucun mal à ce que Haïti ait des coopérations internationales, mais mon Dieu, demandez tout au moins que ces coopérations contribuent à des formations plus poussées de nos jeunes qui devront assurer la relève ! Donc, ouvrez davantage de cadres et donnez plus de possibilités d'intégration et d'avancement.

Dans toutes les zones du pays, surtout à Port-au-Prince, on rencontre des jeunes qui ont terminé leurs études dans des conditions particulièrement difficiles et qui ne savent où se diriger, parce qu'il n'y a rien qui les attend après leurs études secondaires. Ils se voient obligés d'organiser des voyages clandestins au péril de leur vie à la Jamaïque, en République dominicaine, au Chili et aux États-Unis à la recherche d'un mieux être, tandis qu'ils sont prêts à servir dignement leur pays. Un pays qui n'exploite pas ses ressources au profit de sa progéniture, est un État sans avenir.

3.1.2 - Policiers, vous souvenez-vous comment on protège son arme en public ?

Lors de nos expériences, nous avons remarqué que bon nombre de policiers ont été attaqués, désarmés et ont perdu leur vie par leur comportement de policiers « *Cow-boy* ». Que signifie policier « *Cow-boy* » ? Eh bien, c'est un policier qui, n'ayant pas une tenue très bien soignée, pense qu'il peut porter son arme de service n'importe comment, les bandits ou voleurs envient toujours l'arme d'un policier.

Par expérience, nous savons comment sécuriser notre arme. Disons en passant qu'une arme est une amie qui peut nous trahir, tout comme nous sauver la vie. Certains policiers quand ils sont en service, oublient s'ils portent une arme à feu et qu'ils doivent nécessairement la sécuriser. Ils laissent leur étui tourner dans leur dos, et s'occupent d'autres choses sans se souvenir que l'arme doit-être parallèle à leur coude et non leur colonne vertébrale. Même lorsqu'on est en position jaune, le coude doit servir à protéger son arme, car, dans cette position, il se place exactement sur la crosse du révolver. Certains policiers oublient également qu'il y a quelqu'un qui a plus besoin de l'arme qu'eux.

Nous voulons parler des fameux bandits qui assassinent les policiers en vue de s'accaparer de leur arme. Dans notre formation policière, un instructeur américain nous a appris que l'arme est la meilleure amie du policier ou de la policière. Par exemple, il a dit qu'en allant prendre son café les matins, il prend toujours son arme, l'essuie, la baise et lui dit : Chérie, allons prendre un café ! Nous nous souvenons de cet homme chauve, dans son bout de pantalon blanc, tennis bicolores, manche de maillot retroussé gros avant-bras qui nous a donné cette formation intéressante. Enfin, il a précisé que s'il laisse son arme en dessous de son oreiller, dans son sac de travail ou dans son tiroir, et qu'un bandit l'attaque pendant qu'il fait son café, il ne peut pas lui dire de l'attendre pour aller la chercher. Le bandit sourira en faisant pleuvoir des cartouches sur lui.

Voilà pourquoi un policier doit savoir non seulement bien sécuriser son arme en public, mais aussi la porter sur lui. Par exemple, un policier qui danse dans un bal avec son arme à l'étui, eh bien, ce n'est pas son arme, car, n'importe qui est autour de lui, peut le désarmer.

Tout ceci pour dire que l'arme n'est pas donnée pour faire du *m'as-tu vu,* ni pour être exposée au dos pour montrer aux femmes ou à quiconque qu'on est Chef. Elle doit être portée discrètement et utilisée en dernier recours, c'est-à-dire en cas d'un besoin qu'on peut justifier. D'où, l'utilisation d'une arme doit toujours se faire selon les règles de la loi.

3.1.3 - Maintien de l'ordre et coopération policière

D'après Michel Fortmann, Alex Macleod et Stéphane Roussel, respectivement auteurs du livre titré : *Vers des périmètres de sécurité,* il existe trois niveaux d'action organisationnels pour assurer le succès d'une opération en sécurité publique. Le premier se situe au niveau de l'échange des renseignements qui se fait en temps réel entre les États. Les forces de l'ordre ne peuvent pas y intervenir si elles ne disposent pas des *yeux et des oreilles* sur le terrain et dans leurs services entre des organismes secrets et civils pour l'échange des informations. Ces experts ont ajouté que l'autre niveau d'action concerne la coopération policière en amont et en aval en cas d'intervention sur le terrain. Donc, il est clair que la plupart des changements doivent faire l'objet d'une réforme en profondeur des modes d'action des différents corps d'intervention et de leurs prérogatives propres. La difficulté est que ces contraintes ne doivent pas affecter l'efficacité des interventions.

3.1.4 - Coup d'œil de la Police moderne en France

Cette visite que nous avons faite dans le mode de fonctionnement de la Police de France, permettra de comparer au moins certaines procédures policières. En avril 1820, le rôle de l'organisation policière en France n'est rien de moins que de *veiller à la sécurité des personnes et des propriétés, d'assurer la victoire du bien sur le mal, en livrant les criminels à la justice.* On y dénombre, à cette époque, 24 officiers de paix, 104 inspecteurs de Police et 48 commissaires.

Puis, sous Fouché, l'organisation policière devient une machine, une source de crainte et de d'insécurité pour le citoyen. Elle s'est développée comme un important pouvoir. Les occasions n'ont pas manqué à la Police de perfectionner ses méthodes, car l'organisation policière, *a moins besoin d'un pouvoir absolu que d'une époque troublée et d'un gouvernement aux abois.* La structure de contrôler la criminalité et la délinquance sous toutes ses formes, autorise la surveillance policière par des agents occultes et par le quadrillage systématique et généralisé de la population. Cet appareil devient *les yeux et les bras du pouvoir,* afin de contrôler l'ensemble du champ social.

Aussi, la France fut-elle le premier État européen à spécialiser des agents de Police dans quatre rôles différents : service public, protection des personnes et des biens, maintien des institutions et surveillance de l'opinion : la gendarmerie (les agents en uniforme), la Police judiciaire, les policiers en civil chargés de rechercher les criminels. La surveillance de l'opinion se fait par la Police politique chargée des renseignements généraux et par la défense, laquelle direction de la surveillance transfrontalière (DST) s'occupe de la défense intérieure.

3.1.5 - Analyse de la Police moderne en Angleterre

L'auteur Jean-Noël Tremblay est remonté dans les annales de l'histoire de la Police anglaise pour montrer l'importance accordée à la Police criminelle. L'explication la plus plausible de cet intérêt pour la criminalité peut être tirée de l'histoire sociale. Depuis l'époque des Trudor et de Stuart, les populations sont administrées par des corporations devenues villes. Leurs maires les prennent en charge en même temps que la *Justice of the Peace*. Or, les habitants dans les villes vivent très souvent dans une pauvreté extrême, et partout, la criminalité augmente de façon inquiétante. Vers 1700, Londres compte environ 650 000 habitants qui vivent dans un climat de l'insécurité publique totale. Les gens barricadent portes et fenêtres, et ils vont se coucher avec un pistolet ou avec fusil près d'eux. La nuit, plusieurs personnes ne sortent qu'accompagnées de visiteurs armés. Partout, la violence et la dépravation engendrent les problèmes sociaux, ceux-ci commandent des interventions soutenues afin que la loi et l'ordre soient maintenus.

En 1729, pour les cent années suivantes, on assiste à la mise en place progressive d'une force de Police caractérisée par son unité de commandement et par le professionnalisme de ses membres. Ainsi, l'organisation policière prend la forme et elle devient plus importante au fur et à mesure que la criminalité augmente, entraînant le développement d'un système pénal qui, par voie de conséquence, exige davantage de travail policier. De cette conception du travail de Police, il faut retenir quatre noms : Les frères Fielding, Henry John, William Pitt et Robert Peel. Cette conception servira de modèle à la plupart des corps de Police nord-américains. L'intervention policière conçue par les frères Fielding, reposait sur trois grands principes : l'honnêteté et le courage des policiers, la collaboration de la population et l'élimination des causes et des sources de la criminalité.

En 1785, William Pitt présenta un projet de loi pour doter le pays d'une force de Police nationale distincte de l'armée. Malheureusement, sa tentative échoua. À cette époque le mot *Police* avait mauvaise presse. Il signifiait répression, réduction de la liberté individuelle du citoyen face aux gouvernements. Toutefois, un projet semblable a été repris en Irlande, en 1786, avec la création de la *Royal Constabulary*, conçue comme une force capable de maintenir la paix dans les colonies. Ce modèle servit d'inspiration pour mettre sur pied la première Police provinciale au Québec. Par là, vous pouvez comprendre comment une bonne stratégie policière d'un pays, peut servir d'échantillon à d'autres pays en vue de la réalisation d'un travail efficace. Haïti aussi pourrait inspirer d'autres stratégies policières et les adapter à la sienne.

Tandis que XIXe siècle, l'organisation du corps de la Police anglaise bien structurée, pose la question du rapport entre la liberté individuelle et les responsabilités de l'État. La prévention du crime apparaît toujours la seule responsabilité qu'on accepte de voir prendre en charge par l'État, considérant que la bonne conduite du citoyen demeure la responsabilité exclusive de chacun. La Police de Peel s'appuie donc sur le système judiciaire dont la fonction essentielle consiste à réprimer le crime, plutôt que de vouloir régler ou discipliner les conduites humaines. Ainsi dans l'esprit de la population la Police de Londres n'a pas à juger les individus ni à les surveiller. Elle se doit d'être présente purement et simplement afin de faire le contrepoids à la présence des criminels dans les rues et dans les quartiers de la ville.

3.1.6 - Approche sur la Police en Amérique du Nord

Au moment de la conquête anglaise, en 1759, au Québec, militaires, miliciens archers de la maréchaussée, fonctionnaires des tribunaux et gardes civils assurent, depuis l'arrivée de Champlain en Amérique du Nord, la surveillance générale de la population et procédèrent aux arrestations. L'historien Jean-François Leclerc écrit : *Depuis le régime français, malgré l'absence de corps de Police organisé, diverses personnes exerçaient certaines tâches aujourd'hui confiées à des policiers.* En fait, jusqu'aux années 1830, la sécurité de l'État, la protection du citoyen, l'ordre et la paix sur les rives du Saint-Laurent seront l'affaire de divers agents qui ne relèvent pas, dans l'exercice de leurs fonctions, d'une même organisation.

Les habitants des villes coloniales américaines au VIIIᵉ siècle, ne perçoivent pas le gouvernement comme un pourvoyeur de services afin de se doter des installations, tels rues, les égouts et les trottoirs. Le citoyen devient aussi un entrepreneur et il revient à régler les problèmes de sa sécurité, pour lui et ses proches, et de faire respecter l'ordre en même temps que de maintenir la paix sociale. Dans ce contexte, le policier professionnel ne peut justifier son existence que grâce à sa supériorité technique et son savoir-faire dans les rapports de force éventuels.

Les premiers corps de Police font leur apparition à Boston en 1937, à New York, en 1844, à Philadelphie, en 1854, et au Canada, en 1868. Ils ont en commun d'avoir eu, à peu de chose près, les mêmes structures organisationnelles et d'utiliser les mêmes techniques opérationnelles. Or, il est important de souligner que les mandats confiés à ces corps policiers sont toujours liés à trois facteurs : la croissance des policiers, l'industrialisation et l'immigration.

Outre les Polices nationales, la plupart des organisations relèvent juridiquement des municipalités; elles sont placées sous l'autorité du maire, et, par conséquent, de l'opinion publique. Cette forme de décentralisation permet d'interpréter de façon particulière les activités. Sous ce rapport, la brutalité policière sera admise ou non, les nominations seront achetées ou vendues, l'utilisation de la Police en dehors de son mandat officiel deviendra monnaie courante dans le cas de grèves ou durant les élections. L'intervention de l'État a rapidement disqualifié cette façon de payer les services rendus par les policiers en leur reprochant leurs abus. Peut-être que le terme corruption sied mieux encore au rôle de la Police dans le contexte économique et politique. Mais l'idée principale demeure la responsabilité directe des élus en matière de sécurité, de protection et du maintien de l'ordre.

3.1.7 - Sens de l'information, le flair et l'information

Lorsque les policiers patrouilleurs passent à l'action, il est nécessaire qu'ils tiennent compte d'un élément ethnographique important, une observation tirée du sens commun : un patrouilleur doit savoir où il va. Savoir où l'on va représente beaucoup plus qu'une route à suivre, qu'une adresse à découvrir, qu'un point à repérer sur une carte. La compétence se détermine à partir d'une capacité d'anticipation de la fin du projet. Au moment de se mettre en route, pour entreprendre une poursuite ou pour répondre à un appel. La représentation de l'endroit où il doit se rendre et de ce qu'il croit y découvrir préoccupe le patrouilleur. La mémorisation rapide des chemins conduisant à l'endroit indiqué et les souvenirs des événements les plus récents deviendront les conditions premières à l'adaptation du policier patrouilleur aux exigences du métier. Cette capacité d'adaptation déterminera le trajet à effectuer et la manière d'accomplir sa tâche avec efficacité.

La compétence du patrouilleur est reliée à la connaissance du territoire; elle représente un facteur de pouvoir et d'identité parmi les policiers patrouilleurs, surtout si elle est à la fois un facteur de prudence dans la décision d'intervenir et un facteur de résolution des problèmes posés à la Police. La connaissance du territoire devient la source des informations créant le savoir policier : « La banque de renseignements, c'est tous les citoyens ». Et, la cueillette de ces informations mène à une double finalité, c'est-à-dire « l'intervention et l'enquête ».

Il est difficile de reconnaître les qualités premières d'un bon patrouilleur si on ne comprend pas cette façon particulière (avoir l'œil policier) de s'intéresser aux plus petits détails, de deviner l'intention d'une personne ou de déceler des changements dans les habitudes quotidiennes des gens. Le patrouilleur s'accommode du hasard qui, dans sa promenade apparemment improvisée, le fera tomber sur quelque chose: un voleur en fuite, un *ivrogne*[4] trop bruyant, un fou en liberté, un blessé grave, un désespéré, un meurtrier. Il faut compter sur la chance. Ce hasard est présent et tous les policiers le reconnaissent. Le patrouilleur se déplace lentement ou rapidement, rarement de façon normale aux yeux du public. En fait, il faut aller au rythme de son intérêt pour ce qui l'entoure quand il ne répond pas à des appels urgents.

---

4 **Ivrogne :** *Adj, qui a l'habitude de boire avec excès, de s'enivrer. Dictionnaire Hachette, édition 2006, 847.*

3.1.8 - Les rapports avec la Police en milieu japonais

La Police japonaise obtient d'excellents résultats dans la lutte contre la criminalité, mais ses rapports avec les Yakusa sont plus difficiles et plus complexes. Des scandales liés à la corruption au sein de la Police éclatèrent au début des années quatre vingt, principalement à Okasa et Kobe, territoire des Yamaguchi-Gumi. Cependant l'affaire n'a pas été plus loin que de petits cadeaux, des invitations à des fêtes et des pots-de-vin. Maintenant, quelles sont les multiples causes de la recrudescence de l'insécurité publique en Haïti ? Allons-nous y jeter un coup d'œil.

CHAPITRE III

SECTION 3 - DÉBUT DE LA RECRUDESCENCE DE L'INSÉCURITÉ PUBLIQUE EN HAÏTI ET SES MULTIPLES CAUSES

Sous le règne duvaliériste, la paix qui régnait en Haïti s'expliquait tout simplement parce qu'on n'y connaissait pas trop l'exode rural en masse et toutes ces situations socioéconomiques chroniques. En d'autres termes, la vie n'était pas si chère comme elle l'est aujourd'hui. Par contre, il y a eu des répressions politiques et des représailles perpétrées par certains militaires, (macoutes : Police secrète sous l'administration des Duvalier) sur la population, et la liberté de la parole n'existait plus, contrairement au vent démocratique qui commençait à souffler en 1990 avec l'avènement de l'Ex-Président Jean-Bertrand Aristide au pouvoir en février 1991. Quant aux gangs de rue, ce phénomène n'existait plus sous l'administration des Duvalier, à l'exception des petits voleurs à la tire communément appelés *Arroussa*, c'est-à-dire des coupeurs de poches qui évoluaient timidement dans les marchés communautaires.

Cependant, il faut signaler que l'explosion démographique a fait ses débuts dans les années 1960 où les gens de campagne commencèrent à déambuler vers Port-au-Prince sous la propagande de Duvalier (père) pour participer à la fête d'Agriculture et du Travail (premier mai). Après cette fête, bon nombre d'entre eux sont restés dans la capitale Port-au-Prince et ne sont jamais retournés dans leurs provinces natales. Au contraire, ils font venir au fur et à mesure leurs proches à leurs côtés. De plus, après le départ de l'Ex-Dictateur Jean-Claude Duvalier en 1986, on a assisté à un exode rural sans précédent où des gens des neuf départements ont convergé à flots vers la capitale et ont renforcé ceux qui s'y étaient déjà installés.

La masse humaine qui se montre dans la capitale, s'explique donc par un surnombre de gens issus des différentes zones défavorisées des villes de province. Ceci a même engendré depuis de nombreuses années une imposante inflation dans le milieu haïtien et du même coup la promiscuité, ainsi, la misère et l'insécurité publique ont surgi. Cette affluence de gens qui ont déferlé vers Port-au-Prince, a donné naissance à une croissance débridée causant en profondeur la délinquance juvénile, d'où la recrudescence des bandits armés. Dans l'approche qui suit, nous allons vous énumérer les différents facteurs qui auraient engendré les multiples facettes de l'insécurité publique à Port-au-Prince. Une étude systématique des causes profondes vous aidera à mieux comprendre pourquoi Haïti est le moins sécuritaire de tous les pays des grandes Antilles.

3.1 - Les principaux catalyseurs du phénomène de l'insécurité publique à Port-au-Prince

Haïti, vu sa situation géographique, est très vulnérable aux différents ouragans qui ont fait rage dans la région depuis de nombreuses années. Les cyclones qui ont frappé l'île, ont occasionné de fortes répercussions dans les zones rurales. Ce qui s'explique par l'érosion, la dégradation des sols et l'épidémie qui attaquent les jardins, ainsi que des maladies d'animaux qui ont neutralisé la force paysanne, telles : Le charbon bactérien des bovins, la fièvre des poules et de porcs.

Puisque l'agriculture est devenue de moins en moins rentable et que les animaux de références économiques ont disparu, les gens se sont livrés à la coupe des arbres de toutes sortes, pour la fabrication de charbon en vue de leur survie économique. Même les arbres fruitiers n'ont pas été à l'abri de ce fléau déchirant le tissu écologique du pays, surtout avec les autorités qui n'ont aucun contrôle sur l'environnement et la destruction des forêts des pins en est un exemple vivant. L'arrivée des gens à Port-au-Prince a démontré qu'elle est devenue une ville trop encombrée et, après 1986, au fur et à mesure, le phénomène de *Zenglindo*[5] a commencé à émerger, d'où le début de l'affirmation de l'insécurité résidentielle dans la zone métropolitaine ainsi que dans certaines villes de province.

3.1.1 - L'éradication du Porc créole

Pour neutraliser notre économie qui a encore de nombreuses possibilités de croissance, au lieu de la structurer, le gouvernement de l'Ex-Dictateur Jean-Claude Duvalier (1984) a accepté l'imposition de la viande de porc blanc sur le marché haïtien au détriment du Porc créole. Dans les années quatre-vingt, on a procédé de façon impitoyable à la tuerie des porcs dans tout le pays sous prétexte de la peste porcine africaine. Même les mêmes mamans qui étaient prêtes à faire les bas n'étaient pas épargnées, alors que cet abattage sans merci aurait pu être évité par une campagne de vaccination de ces animaux qui d'ailleurs, représentaient le livret d'épargne des paysans. Les Haïtiens se souviennent de la propagande disant que : $40 haïtiens (HTN) pour un gros porc, $20 haïtiens (HTN) pour un moyen et $5 haïtiens (HTN) pour un petit. Les paysans qui tentaient de se cacher en dessous des grands champs de canne avec leur cochon pour ne pas les tuer, étaient menacés de bastonnade et d'arrestation. Voilà comment on a anéanti l'économie paysanne et donné lieu au déferlement massif des campagnards dans

---

5 ***Zenglindo** : Se dit dans le contexte haïtien, des cambrioleurs nocturnes qui furent sujets après 1986, non seulement à voler, mais aussi à violer et même tuer en Haïti.*

la capitale, Port-au-Prince. D'où l'insécurité publique a continué à y germer de façon plus importante.

3.1.2 - Forte concentration urbaine à Port-au-Prince

La forte concentration urbaine de Port-au-Prince peut aussi s'expliquer par le taux de natalité surtout incontrôlé ou débridé qu'on constate dans les différentes régions du pays. Dans les zones défavorisées, on rencontre des familles qui ont engendré des enfants démunis qui, à l'adolescence, se voient obligés, par leur situation socio économique, de s'investir dans des associations de bandits. Naturellement, ces jeunes sont issus du bas peuple, étant donné qu'ils n'ont pas été éduqués et, la plupart qui n'ont rien comme ressource, n'auront qu'à se livrer à des activités illicites. À partir des années soixante-dix, l'émigration des masses rurales et urbaines et l'accélération de l'exode rural ont marqué un tournant décisif dans les mouvements de la population haïtienne. Au cours de la période s'étendant de 1981 à 1986, les prévisions relatives au taux d'urbanisation sont dépassées de 20 % à 32 % en 1989.

3.1.3 - La migration interne et les impacts des déportés sur Haïti

D'après un rapport du 27 mai 2006, présenté au conseil de la Commission internationale catholique pour la migration, par Monseigneur François GAYOT, le mouvement migratoire haïtien date de 1930 au tout début de la grande crise économique mondiale de 1929. Pendant cette période d'inflation, des milliers d'Haïtiens ont émigré vers Cuba, plus précisément vers les plantations de canne à sucre de la savane d'Oriente. Durant les années cinquante, l'exode de la population haïtienne déborde les frontières cubaines pour s'orienter vers :

- l'Amérique du Nord, spécialement les États-Unis, le Canada et quelques pays européens, telles : La France, la Belgique, la Suisse.
- les Antilles, particulièrement les Îles Bahamas, suivies par ordre d'importance par des Antilles françaises, la Guadeloupe, la Martinique et la Guyane.

Selon ce rapport, cet exode continue de façon progressive. Durant les douze derniers mois précédant mai 2006, 10 500 personnes ont fui Haïti à la recherche d'une situation meilleure; 4 000 d'entre elles se sont réfugiées en Europe et beaucoup d'autres en Amérique du Nord. On a même fait état d'une population de 8 400 000 habitants, 25 %, soit plus de deux millions vivent actuellement en dehors d'Haïti. D'après un rapport de *World migration*, plus d'un million d'Haïtiens vivent aux États-Unis, 100 000 au Canada et 600 000 environ en République Dominicaine. Il est difficile de chiffrer le reste de la population migrante éparpillé dans les petites Antilles et quelques pays d'Europe, mais d'après certaines données statistiques, on peut l'estimer à environ 300 000.

Ce qui explique cette migration, c'est le besoin de la paix et de la sécurité publique ou même financière. Face au climat de violence, de peur et de d'insécurité publique qui guette la communauté haïtienne d'aujourd'hui, les gens ont besoin de la sérénité et de paix non seulement pour eux-mêmes mais pour leurs enfants. Ils ont besoin de tranquillité et de sécurité pour leur commerce, leur travail, l'éducation de leurs enfants et l'épanouissement de leur vie personnelle, familiale et sociale. Lorsque la paix et la sérénité n'existent pas, les gens se déplacent pour aller en chercher ailleurs. Quand la tranquillité et la sécurité font défaut, ils quittent leur lieu d'origine pour trouver une terre d'asile ou de refuge pour y vivre.

3.1.4 - La problématique de la relation haitiano-dominicaine

Nous n'avons pas besoin de mentionner tous les détails historiques à propos de ces deux pays voisins pour identifier le fossé qui se dresse dans leurs relations diplomatiques. Par exemple, si on analyse la question du flux migratoire, on peut facilement comprendre quelles répercutions elle a sur la sécurité intérieure d'Haïti. En un bref aperçu, nous pouvons dire que la discrimination culturelle et même politique dont sont victimes les Haïtiens en République Dominicaine, remonte au XIXe siècle et sera soutenue tout au long du siècle suivant par une élite dominicaine nationaliste et raciste. C'est cet anti-haïtianisme ancien et latent constitue encore aujourd'hui le *socle*[6] d'une multitude de dominations, de mauvais agissements et d'abus infrahumains envers les haïtiens vivant en République Dominicaine. Il faut signaler aussi qu'en République Dominicaine, l'anti-haïtianisme date de Dessalines 1804 à 1806. Il allait se renforcer durant la direction de la République Dominicaine par l'ex-Président haïtien Jean-Pierre Boyer 1822 à 1844. Les vingt-deux ans de gouvernance haïtienne ont eu pour effet, la formation d'une identité nationale dominicaine.

Mis à part les conditions infrahumaines ou humiliantes dans lesquelles les immigrants travaillent dans les *Bateys*[7] dominicains, on les retrouve

---

6 **Socle :** *N m, base sur laquelle repose un édifice, une colonne, une statue etc. Dictionnaire Hachette, édition 2006, p. 1507.*

7 **Bateys :** *Grands champs de canne à sucre en République dominicaine, où bon nombre d'immigrants haïtiens travaillent dans des conditions extrêmement difficiles et lamentables.*

dans les différentes sphères de la République Dominicaine, tels, la manufacture, l'agriculture, la construction, le commerce et l'éducation. En d'autres termes, les immigrants haïtiens constituent en majeure partie, le pivot de l'économie de la République Dominicaine. À ce titre, c'est étonnant d'entendre que ces gens reçoivent toujours des traitements inhumains de la part des Dominicains, or, les responsables de ce pays sont conscients du poids de ces haïtiens dans la balance budgétaire de Saint-Domingue.

À l'autre extrême, non seulement il y a les diplomates, mais beaucoup de dominicains s'installent en Haïti, ceux qui ne font pas partie des diplomates s'établissent plus précisément au Sud de la capitale à Matissant, pour la plupart, ils sont entrés dans le pays comme un troupeau de bétail qui envahit une savane, sans être questionné. Malgré que ces derniers temps Haïti ait connu un niveau d'insécurité les plus spéculaires de son histoire, on n'a jamais entendu dire qu'un Dominicain avait été victime d'intimidation, d'enlèvement ou de persécutions en Haïti. On a l'impression que même les gens de non-droit respectent ou protègent ces étrangers. Dans le cas d'Haïti, pourquoi les ressortissants haïtiens ne peuvent-ils pas aussi bénéficier du respect et de la dignité humaine en République Dominicaine ? Là, l'équation relationnelle entre ces deux pays est très mal balancée. Les autorités de ces deux pays se disent toujours être en bonnes relations diplomatiques, lesquelles cristallisent plutôt un côté historique, revanchard, voire hypocrite.

S'il était question de franche relation, les responsables des deux pays (Haïti et la République Dominicaine) se seraient assis autour d'une table de concertation en vue d'harmoniser la situation entre les deux peuples. Les Haïtiens qui entrent clandestinement en République Dominicaine, subissent de mauvais traitements, vu leur statut illégal. Cela se comprend, mais pourquoi ceux qui y habitent depuis nombre d'années et qui contribuent au développement de ce pays, leurs enfants qui sont nés sur cette terre n'ont même pas d'actes de naissance ? En tenant compte de tout cela, on peut dire qu'il y a un grand problème sur le plan relationnel et de l'identité.

Selon les informations recueillies par le groupe d'appui aux rapatriés et refugiés (GARR) plus de 214 ressortissants haïtiens dont 8 mineurs, 15 femmes et 191 hommes ont été déportés de la République dominicaine du 3 au 4 juillet 2006, via la frontière Belladère de *Lawoy* et *La casse* (zones d'Haïti situées près de la République Dominicaine). D'après les comités des droits humains, membres du réseau Binational Jeannot, le nombre de rapatriés reçus au cours du mois de juin 2006 était respectivement de 1 473 à Belladère (Commune de l'Arrondissement de Lascahobas dans le département du Centre) 770 à Ouanaminthe (Commune du département du Nord-Est) et à Savanette (Commune du Département du Centre). Ce qui totalise de 2 343 personnes déportées de la République dominicaine au mois de juin, seulement dans trois endroits frontaliers. Quand ces Dominicains noirs sont arrivés en Haïti, ils ne savaient même pas où aller pour trouver leurs arrières parents pour les accueillir. Que vouliez-vous qu'ils fassent, ils se voyaient pour la plupart, obligés de s'investir dans des activités de gangstérisme. Voilà donc les diverses facettes de l'origine du phénomène de l'insécurité publique en Haïti. Tenant compte de tous enjeux, ne serait-il pas impérieux d'harmoniser les relations diplomatiques entre ces deux pays ?

SECTION 4 - AUTRES INCITATEURS DE L'INSÉCURITÉ PUBLIQUE EN GÉNÉRAL

4.1 - Usage, abus et dépendance de la drogue

Selon A. Morel, en matière de consommation de drogues illicites, il existait naguère soit l'abstinence, soit la toxicomanie. Il était inconcevable d'avoir des usages contrôlés des narcotiques. Il a été mis en évidence la grande diversité des pratiques de leur consommation, y compris celles considérées comme les plus dangereuses. Il existe en effet diverses formes de consommation, divers modes de relation à des substances *psychotropes*[8], qui n'ont pas du tout les mêmes conséquences sur les gens, leur santé et leurs relations sociales. C'est de ce constat que se soutient la distinction entre trois grands types de consommations de substances psycho actives : Usage, abus et dépendance auxquels, il faut ajouter un quatrième : la non-consommation.

4.1.1 - Autres facettes de l'insécurité publique en Haïti : L'avènement des bandits à motos

Jadis, le phénomène de l'insécurité publique en Haïti ne prit plus sa source des bandits à motos comme on le constate aujourd'hui. Cependant, avec la création d'un mode de transport devenu très imposant en Haïti, basé sur les taxi-motos. On y enregistre donc d'importants cas de criminalité, perpétrés en plein jour. Il faut souligner que l'idée de circuler à motos plutôt qu'en taxis vient de la congestion de la circulation dans l'aire métropolitaine de Port-au-Prince. Les gens

---

8 *Psychotropes :* Adj., qui agit chimiquement sur le psychisme (en parlant d'un médicament, d'une substance, Nouveau Petit Robert de la langue française, édition 2007, p. 2064.

préfèrent circuler à motos, un véhicule pouvant facilement contourner les obstacles pour les transporter à destination. Donc, au lieu de s'éterniser dans des embouteillages monstres, ils préfèrent s'agripper sur les taxi-motos. Voilà donc ce qui fait l'objet de toute une multitude de motos à Port-au-Prince. Avec le temps, les bandits utilisent ce moyen de transport pour commettre des crimes odieux, voire des actes malhonnêtes et illicites. Les gens qui assistent aux actes criminels des bandits à motos, disent que ces véhicules facilitent ces genres d'actes, car, ces bandits peuvent s'échapper aisément par n'importe quel petit corridor pour éviter de se faire appréhender par la police. Maintenant, il est question aux autorités haïtiennes de savoir comment éradiquer ce phénomène de l'insécurité publique, en vue de parvenir à un climat de paix et de sérénité en Haïti.

4.1.2 - Délinquance juvénile dans les Ghettos

La migration massive qui se fait depuis des années, joue un rôle prépondérant dans la délinquance juvénile qui s'affirme surtout dans les bidonvilles. À travers des zones telles : Cité Soleil, *Nan Pelé*, Solino, Matissant, Fontamara, Bolosse, Grand-Ravine, Rue Saint-Martin, Cité Boston, Bel-Air, Fort Saint-Clair et Sauré, on y compte des adolescents déshérités qui sont pour la plupart des enfants issus de parents extrêmement pauvres. Étant donné qu'ils ne fréquentent plus l'école, ils n'ont aucune ambition à l'âge adulte à gravir l'échelle de la classe moyenne et privilégiée. Ils sont donc en majorité, exposés aux offres et aux influences des chefs de gangs.

De plus, en Haïti, l'insécurité publique s'explique par un désordre évident qui est constaté dans la classe moyenne et la classe défavorisée.

On rencontre pour la plupart des femmes qui n'ont pas de moyens suffisants, avec une quantité excessive d'enfants ou délaissées par leur mari. Durant leur adolescence, ces enfants qui ont peu de supports parentaux et qui veulent satisfaire leurs besoins, deviennent très vulnérables face aux groupes armés qui incitent la plupart d'entre eux à s'intégrer à eux en vue de commettre des actes malhonnêtes. Dans les zones réputées chaudes de Port-au-Prince, on trouve des jeunes et même des adultes qui traînent et qui ne trouvent aucun emploi. Ceux qui ont de grands objectifs se dirigent tant bien que mal vers l'école classique ou professionnelle. Quant aux plus oisifs, ils se livrent au jeu de dominos quotidien, à la mendicité et ont recours aux armes pour s'imposer et survivre dans la société.

Cependant, on peut voir qu'après l'abolition de l'Armée, on ne cesse pas de solliciter la présence des militaires étrangers sur le sol d'Haïti, alors que les jeunes qui flânent, sont très intéressés à servir le pays, mais ils ne trouvent pas les moyens d'offrir au pays, les services qu'ils souhaitent. Nous ne sommes pas hostiles à la présence des militaires étrangers, au contraire, le pays a été en crise, leur présence pour aider à y maintenir la sécurité, s'avérait nécessaire.

Comme nous l'avons déjà souligné, le gouvernement haïtien devrait profiter des compétences des soldats étrangers pour élaborer un programme de création d'une force qui remplacerait l'Armée haïtienne, restituerait, solidifierait et professionnaliserait la Police pour une sécurité garantie dans la communauté. Après la solidification de cette Police ou l'institution d'une force comme la gendarmerie dont ont parle, ces soldats étrangers pourraient retourner chez eux.

Comment avoir été supplié d'autres pays d'envoyer des ressources pour la sécurité du pays alors qu'on a la possibilité de trouver ces ressources chez soi ? Les jeunes qui jonchent le pavé après leurs études, se font humilier en République dominicaine, se noient durant des voyages clandestins, s'investissent dans les activités de gangs de rue, se convertissent en raquetteurs devant les administrations publiques, voilà donc des ressources humaines tangibles du pays qui demeurent inexploitées.

Étant donné que les adolescents fument du crack, inhalent du Tinet : *Un composé ciment de cordonnerie* et consomment également de la drogue, ils s'impliquent facilement dans ce que nous appellerions le *terrorisme intérieur,* pour satisfaire aux besoins du groupe auquel, ils appartiennent et leurs siens. À Cité Soleil, on trouve des adolescents âgés de 11, 12, 13 ans et plus qui y sèment la terreur en plein jour, sans aucune crainte d'une éventuelle descente policière, car, il n'y pas de voies de pénétration facilitant l'accès à la Police, vue la façon désordonnée dont les bidonvilles sont construites. Par exemple, s'il y a un incendie dans les bidonvilles, les pompiers seront dans l'impossibilité d'y accéder pour éteindre le feu. Au lieu de craindre la Police, ces bandits sont prêts à faire pleuvoir des balles assassines à l'endroit des patrouilles policières. Non seulement ils sont mieux armés que la Police nationale d'Haïti, mais aussi, ils sont même arrivés à fabriquer leurs propres armes, lesquelles appelées : *Zam Kreyol,* en Français *: Armes créoles.* Et, ils se réclamaient d'être les membres d'une armée appelée : *armée rouge.*

À partir de la chute de l'Ex-Président Jean-Bertrand Aristide en février 2004, on a assisté à une affluence d'inconnus en provenance de Cité Soleil, Rue Saint-Martin, qui sont venus s'installer dans les zones du

Village de la solidarité, de Cité militaire et de Delmas 3. Ces quartiers, qui étaient très paisibles, sont devenus très dangereux; les bandits y élargissent leur champ d'action et terrorisent la population à leur guise.

LA PROLIFÉRATION ET LE VEDETTARIAT DES BANDITS ARMÉS EN HAÏTI.

Dans toute l'histoire d'Haïti, on a toujours eu des moments de troubles et d'insécurité publique. L'ère des Duvalier que certains partisans aveugles qualifient de périodes de sérénité, lesquelles n'ont jamais été réellement des périodes de paix, car, malgré qu'il n'y eut pas autant de bandes armées, par contre, il y eut des militaires, macoutes, cercles de reins et chefs de sections communales mal intentionnés qui traquèrent les gens. Ils les maltraitèrent pour rien et les arrêtèrent sans raison valable. Je considère donc cette forme d'agissement comme étant une sorte de matraquage psychologique qui nourrit un état d'insécurité publique inacceptable. Cependant, après la chute de la maison des Duvalier en février 1986, on a constaté un exode rural sans précédant, où les gens issus des villes de province, déferlèrent vers la capitale (Port-au-Prince). Cette spectaculaire explosion démographique a donné lieu à la création d'immenses bidonvilles dans les zones périphériques de la capitale.

Donc, toutes ces concentrations de gens, le chômage, l'inflation, le manque d'encadrement des jeunes, et les intérêts politiques mesquins ont instauré tout un climat d'insécurité publique qui perdure en Haïti, plus particulièrement à Port-au-Prince. Le manque d'encadrement dont nous parlons découle d'une absence de gestion du capital humain. Comme nous l'avons mentionné dans notre premier livre, titré : « l'Origine du phénomène de l'Insécurité publique en Haïti », les jeunes qui se voient grandir et qu'il n'y a aucun encadrement, et ne sont témoins d'aucun programme pour la génération montante, à partir de 12 ans, ils se voient obligés de s'impliquer dans des activités de banditisme. Parmi les différentes zones réputées chaudes de Port-au-Prince, je peux citer :

1) Cité Soleil
2) *Nan Pelé*
3) Route Batima
4) Delmas 2
5) Carrefour de l'Aviation
6) Cité Boston
7) La Saline
8) Grand ravine,
9) Cité de Dieu
10) Base Pilate
11) Savane pistache

On se souvient du vedettariat d'une bande armée à Cité Soleil nommée : « *L'Armée rouge* ». Je peux aussi mentionner : L'Armée Ti machette, L'Armée cannibale, *Rat pa kaka, Grenn nan bouda,* Opération Bagdad, pour n'en citer que celles-là. Toutes ces armées ont fait la manchette dans les médias et ont occupé les pages frontispices des journaux. Elles firent donc des troubles assez considérables dans le pays.

Maintenant, avec l'évolution du temps, on n'entend plus parler des groupes armés qui opéraient au Nord-Ouest de la Capitale. Ce climat d'insécurité publique s'est déplacé au Sud de la Capitale du côté de matissant, il englobe plusieurs bidonvilles, tels : Grand Ravine, Cité de Dieu, Cité de l'Éternel, Cité plus, Ti-Bois, 1ᵉ, 2ᵉ, 3ᵉ avenues Bolosse. Cette recrudescence de l'insécurité publique s'étend même jusqu'du côté de Décayette. Au jour le jour, on entend des affrontements armés entre de puissants chefs de gang de ces zones. Ils s'entretuent ouvertement, et la presse à qui, ces hommes donnent de fréquentes entrevues, fait d'eux de grandes célébrités. Lors des échauffourées entre les chefs de gangs, les paisibles citoyens qui vaquent à leurs occupations, meurent comme des poules. Comme on dit : « les mêmes choses produisent toujours les mêmes effets ». Cela sous-entend que tous ces groupes armés font face aux mêmes problèmes sociaux. Ces membres de gang qui, selon leur dire, sont lourdement armés par certains hommes politiques en vue de la défense de leurs intérêts mesquins, terrorisent la population à leur guise. Souvent, ils se rivalisent entre eux, s'entretuent, ou tuent de paisibles citoyens qui vaquent à leurs activités. On enregistre donc des gens qui sont lâchement tombés sous leurs balles assassines en plein jour. Une telle situation, peut-elle continuer à perdurer en Haïti ?

Nous pensons que pour résoudre, il faudrait l'analyser à la base, en se posant ces questions fondamentales suivantes :
1) Pourquoi il y a-t-il des bandits dans les bidonvilles ?
2) Quelle est la cause de leur existence ?
3) Ils sont le produit de quelle réalité ?
4) Pourquoi volent-ils, tuent les gens, s'entretuent-ils
5) Que peut-on faire pour résoudre les problèmes sans tuer les bandits, mais les encadrer et les intégrer dans la société en leur permettant, au lieu de tuer les gens, mais au contraire, servir la communauté ?

Comme l'Économiste allemand Karl Marx, parla de : « *Causes à effets* », ce qui signifie que quand on constate un fait, il y a une cause qui en découle. Donc, si on peut identifier la cause, on peut résoudre le problème. Tout ceci pour dire qu'il n'est pas impossible de pacifier Haïti et de la rendre vivable. Il est possible qu'Haïti redevienne un petit paradis, donc, la Perle des Antilles.

4.1.3 - La marginalisation et le favoritisme autres complices de l'insécurité publique en Haïti

Le favoritisme et la marginalisation ont toujours constitué une doctrine et une conception illogiques en Haïti. Les marginalisés sont ceux devant lesquels, un mur de Berlin s'est dressé, les empêchant à s'intégrer normalement dans la société. Nous comprenons que quelqu'un qui n'a pas un certain niveau d'études, pourrait avoir des difficultés à trouver un bon emploi en vue de subvenir à ses besoins. Par contre, il y a des jeunes qui traînent avec des lots de diplômes, faute d'accointances politiques ou de solides contacts dans les administrations privées, ne peuvent pas trouver d'emplois. Ils résistent par force de caractère aux vicissitudes de la vie. Quant à ceux qui n'ont pas assez de morale et de courage pour surmonter les difficultés quotidiennes, se voient carrément obligés de se mêler dans des actes malhonnêtes, voilà donc les deux profils de ce fléau.

Par là, ne peut-on pas identifier le chauvinisme et la marginalisation comme deux complices de l'insécurité publique en Haïti ? Dans toute société où une catégorie des personnes est considérée comme des rejets, des exclus, des indexés ou des marginaux au profit d'un petit groupe d'égoïstes, il aura toujours des gens qui, voulant se valoriser et s'affirmer, posent des actes illégitimes dans cette société. Pour mieux combattre contre un tel fait, il faudrait absolument qu'on améliore les conditions de vie de certaines gens, qu'on combatte aussi contre la mauvaise répartition des richesses; à ce moment-là, on aurait attaqué à la base, le problème de l'inégalité sociale et du favoritisme. Ce thème a d'ailleurs été abordé par le Philosophe et Écrivain français Jean-Jacques Rousseau. On se souvient de sa fameuse étude sur *la Nature et l'Homme*, à travers son livre, titré : *Discours sur l'origine et les fondements de l'inégalité parmi les hommes…*Tous nos hommages à l'Illustre, Jean-Jacques Rousseau (1712-1778).

4.1.4 - Les catégories d'âges plus fréquentes en banditisme

Dans tous les pays, le banditisme s'identifie toujours à l'échelle mineure, sauf dans le cas de la mafia. En France, par exemple, de nombreuses personnes se plaignent aujourd'hui de la délinquance des mineurs, surtout dans les quartiers défavorisés. Les vols liés aux véhicules ainsi que les destructions et les dégradations impliquent, pour une large part, des jeunes de moins de 18 ans. En France, 34% des mis en cause pour des faits de délinquance de la voie publique, sont des mineurs.

À cet égard, une analyse en profondeur du banditisme dans les quartiers défavorisés d'Haïti, présente exactement le même tableau que celui de la France. Si on compare le phénomène des gangs de rues de Port-au-Prince à un autre pays, qu'il soit industrialisé, sous-développé ou mal développé, c'est sûr qu'on va faire un constat similaire. Donc, ne serait-il pas idéal de traiter le problème de l'insécurité publique par la résolution de la croissance de la délinquance juvénile, la diminution de l'an alphabétisation, la lutte contre la consommation de la drogue, la mauvaise fréquentation sociale et l'influence qui incitent les mineurs, les jeunes adultes à commettre des actes malhonnêtes ?

4.1.5 - La criminalité cachée

Selon Iris Teichmann, une infraction qui n'est pas portée à la connaissance de la Police, n'apparaîtra pas dans les statistiques officielles sur la criminalité. Les États-Unis utilisent ces statistiques pour analyser l'évolution de la criminalité et pour définir des moyens de lutter contre elle. Les crimes et les délits qui ne sont pas dénoncés à la Police, constituent un problème crucial aux gouvernements. Dans le contexte d'Haïti, on compte de nombreux de crimes commis en plein jour qui n'ont jamais été dénoncés par la population par crainte de représailles des bandits par ricochet, ou tout simplement par l'abstention des témoins.

4.1.6 - Les causes de la délinquance

Plus loin, l'auteur Iris Teichmann soutient que la pauvreté et le fossé entre les riches et les pauvres constituent les éléments centraux des causes de la délinquance juvénile. Dans toutes les sociétés, les sans-abri ou les personnes en situation précaire sont parfois susceptibles de commettre des vols, car, les conditions de vie de ces personnes, l'exigent. De ce fait, le vol est le délit le plus souvent commis dans le monde. Certains indigents se sentent contraints de voler pour nourrir leur famille. Dans certains pays occidentaux, des signes montrent que l'écart entre les riches et les pauvres tend à se creuser, ce qui provoque beaucoup de tensions entre ces différentes classes sociales. Les difficultés d'insertion sociale dans les contextes urbains génèrent la montée de la criminalité de proximité.

4.1.7 - Estimation du trafic de drogues dans le monde

On estime à plus de 190 millions de consommateurs de drogue dans le monde. Le marché illégal de la drogue représente 400 milliards d'euros et même plus. Les jeunes consomment de plus en plus de drogues; la délinquance liée à cette consommation est en augmentation et les gens consomment de la drogue juste pour le plaisir. D'autres, la consomment pour résister aux pressions ou au stress de la vie. La drogue a comme l'alcool et les cigarettes, des effets stimulants, mais provoque aussi de très graves effets secondaires.

- Le cannabis et l'ecstasy sont souvent présentés comme des drogues moins dangereuses, mais elles ont à long terme des effets secondaires graves sur le cerveau et sur la mémoire, en particulier chez les jeunes.

- La cocaïne et les *amphétamines*[9] provoquent des tremblements, des maux de tête, de l'hypertension et de la tachycardie. Les nausées, l'insomnie, la perte de poids, les convulsions et la dépression font partie des observés à long terme.

- L'héroïne provoque des nausées, une peau sèche, des démangeaisons et un ralentissement de la respiration, des réflexes et de l'élocution. Les dépendances psychique et psychologique aboutissent parfois à une overdose et même à la mort par insuffisance respiratoire.

.

---

9 **Amphétamines :** *N f, Médicament employé comme excitant du système nerveux central et comme anorexigène, Nouveau Petit Robert de la langue française, édition 2007, p.85*

CHAPITRE IV

SECTION 4 - LES CARACTÉRISTIQUES DU GANGSTÉRISME ET LA CRIMINALITÉ

Au cours des dernières années, dans les pays occidentaux, de nombreuses fusillades mortelles furent liées à des guerres de gangs. Ces fusillades sont provoquées par des groupes de jeunes gens qui font le commerce de drogues et d'armes ou qui organisent des vols et de l'enlèvement (kidnapping).

4.1 - Les gangs de prison américano-mexicains

Les gangs de rue mexicains opèrent depuis les années trente dans le Sud-Ouest des États -Unis, mais les gangs de prison sont probablement nés de la réunion de plusieurs délinquants mexicains *Deuel Correctionnel Institute de Tracy*, en Californie. De nouveaux membres furent admis à mesure que les prisonniers sortent d'un lieu de détention à l'autre. Au milieu des années quatre vingt, la *Eme* contrôlait le trafic de drogue et la prison californienne. Depuis lors, c'est devenu une association de gangs extrêmement puissante opérant aussi bien au sein de l'institution carcérale qu'ailleurs.

4.1.1 - Les tatouages de prison

D'après une recherche faite sur la Déontologie criminelle, Paul Lunde soutient que c'est dans les années vingt que les autorités prirent conscience de l'importance qu'avaient les tatouages parmi les prisonniers. Ces tatouages de prison avaient une grande charge symbolique et permettaient de montrer les activités de leur porteur autant que son mépris de l'autorité. De nos jours, la tradition a perpétué, y compris dans le contenu et le style, ainsi que dans la valeur de défi contre la loi. Un tatouage ne peut être porté si un crime n'a pas été commis et les tatouages incorrects ou non autorisés peuvent valoir des punitions. Ces tatouages de prison sont réalisés avec des aiguilles et un rasoir électrique. L'encre est composée d'un mélange d'urine, de *Suie*[10], de shampooing et de cigare brûlé. Les infections sont fréquentes et peuvent parfois conduire à la mort. Chaque motif a son sens spécifique que voici :

Un crâne sur le doigt : Meurtrier

Du barbelé autour de la tête : Perpétuité

Une toile d'araignée : Le porteur est un toxicomane

Une tête de chat : C'est un porte-bonheur

4.1.2 - Les prisons

Des experts ont fait une analyse logique en disant que si la population carcérale a bien augmenté (pour atteindre le chiffre record de plus de 2 millions de prisonniers sur la l'ensemble de États-Unis), une baisse continue a été enregistrée dans les admissions au sein des prisons de New York (à commencer en 1997 avec - 7 %). Pour les responsables new-yorkais, la raison est simple : il y a moins de crimes sur la ville donc moins d'incarcérations. De plus, l'augmentation des arrestations pour les crimes et délits (plus de 35 %) ne s'est jamais traduite par une augmentation identique de la population carcérale du même type (en fait moins 1,5 %).

---

10 *Suie : 1. Noir de fumée mêlé d'impuretés, que produisent les combustibles qui ne brûlent qu'incomplètement.*
2. Substance noire, obtenue lors de la pyrogénation du bois, utilisée comme engrais, comme couleur. Le Nouveau Petit Robert de la langue française, édition 2007, p. 2455.

4.1.3 - La mentalité des gangs

Les recrues ont généralement été chefs de gangs de rue, et ont fait montre de leur loyauté ou tout au moins de leur obéissance en prison en tuant un détenu sur l'ordre d'un autre détenu, voire un gardien. Devenir membre, c'est suivre la maxime : *Dedans par le sang, dehors par le sang*, la Eme a largement profité de projets impliquant des subventions qu'elle détournait à son compte.

Le principal rival de la Eme est la *Nuestra Familia (en Français : Notre famille)* un membre de gang mexicain formé dix ans après elle, et qui s'était constitué en réaction à ses exactions, avant de se mettre elle-même au racket de protection. Quand elle tenta de se mettre au trafic d'héroïne au sein des prisons, les deux gangs devinrent des ennemis mortels. Leur guerre fit 30 victimes parmi les prisonniers en 1972. En 1975, LNF s'était étendue aussi hors de prisons, et avait installé un régiment à Fresno, en Californie.

L'état d'esprit de la *Nuestra Familia* se résume à la formule suivante : « *Des nôtres un jour, des nôtres toujours* », un serment qui met les intérêts du gang au premier plan. Le gang alignait 800 membres et ses chefs commencèrent à insister sur la discipline et les profits, ce qui conduisait à la mise au point d'une constitution et à une réorganisation en profondeur. Un général contrôlait les gangs en prison, et un autre général s'occupait de l'activité à l'extérieur; chacun d'entre eux transmettait ses ordres à 10 capitaines contrôlant des lieutenants, gérant chacun ses soldats.

4.1.4 - La définition du crime organisé

Que signifie le crime organisé ? Les dernières vagues d'actes d'enlèvement ou (kidnapping) qui ont évolué en Haïti durant les dernières années et les différentes extensions qu'a prises le trafic de drogue à Montréal, m'ont porté à la lumière de Paul Lunde, à bien faire comprendre ce phénomène. Une des définitions policières du crime organisé est *une conspiration criminelle s'auto-perpétuant, dont le but est l'enregistrement, dont les moyens sont la peur et la corruption.* Quoi qu'assez dramatique, cette définition n'est pas totalement adéquate, que ce soit du point de vue juridique qu'historique.

La convention des Nations Unies contre la criminalité transnationale, signée en l'an 2000, en donne une définition plus large, celle d'un groupe structuré de trois personnes ou plus, agissant de concert pour commettre un ou plusieurs crimes en vue d'un bénéfice. Juristes et criminologues n'ont pas encore été capables de se mettre d'accord sur une définition commune, tandis que la Police a besoin d'une définition et des lois spécifiques, leur permettant de faire traduire les criminels par devant la justice. Édicter des lois efficaces pour combattre le crime organisé, n'est possible que s'il y a consensus sur ce qu'est le crime organisé, et sur les différences qu'il présente avec d'autres types d'activités criminelles.

Le doyen des criminologues américains, Howard Abadinsky, en a donné la définition la plus exhaustive et la plus scrupuleuse. Le crime organisé est une entreprise sans motivation idéologique, impliquant plusieurs personnes en forte interaction sociale, organisé de façon hiérarchique avec au moins trois niveaux ou rangs, ayant pour but d'amasser pouvoir et profit par le biais d'activités légales et illégales. Les postes dans la hiérarchie et l'organisation fonctionnelles peuvent être attribués selon des critères d'amitié et de parenté, ou rationnellement selon la compétence.

Ces postes ne dépendent pas de la personnalité des individus qui les occupaient à un moment donné. La permanence est assurée par les membres qui s'efforcent de maintenir l'entreprise en état de fonctionner pour arriver à ses fins. Elle supporte mal la compétition et cherche à obtenir des monopoles sur des bases de marché ou de la violence pour y arriver ou pour faire régner la discipline. Les membres sont co-optés, quoique des non- membres puissent aussi être impliqués à l'occasion. L'organisation a ses règles claires, qu'elles soient écrites ou non, appliquées grâce à des sanctions allant jusqu'au meurtre.

Ceci est, bien entendu, une description de la mafia américaine, de *la Cosa Nostra,* et s'applique aussi à sa version sicilienne. Mais d'autres groupes, aux États-Unis comme ailleurs, relèvent du crime organisé qui ont des structures différentes. Plus on étudie le problème de la définition, plus on se prend de la sympathie pour en trouver une qui soit claire et utilisable. Les gangs de rues américains, du passé comme du présent peuvent-ils être considérés comme faisant du crime organisé, ou n'en sont-ils qu'un stade de développement inférieur ?

Le crime organisé est une activité économique, différente de bandes comme les *Bloods* et les *Crips,* non seulement par le degré d'organisation et les buts, mais aussi par le fait qu'il accumule des capitaux, et les réinvestit. C'est la différence entre les mafias, des gangs et des criminels non organisés. Cette accumulation de capitaux par des groupes organisés, comme la mafia américaine ou les *Yakusa* leur permet d'acheter la protection politique nécessaire à leur diversification et à une grande réactivité aux fluctuations du marché, comme l'explosion de la demande de drogues illicites dans les années quatre- vingt, et la croissance du commerce d'êtres humains dans les années quatre-vingt-dix.

4.1.5 - La coopération entre les criminels

La guerre conduisit à une coopération des bandes dans tout le pays. Celui qui devient par la suite l'associé de Hill, le Gangster juif, Jack Spot, partit pour Manchester pour conseiller et assister aux gangs locaux. Toutes les villes disposant d'un port étaient une cible pour les voleurs et pour ceux qui organisaient le marché noir. On volait aussi dans les entrepôts militaires : des tonnes de lames de rasoir et de cartouches de cigarettes disparurent. L'arrivée des troupes en provenance des colonies donna du travail aux prostituées et aux spécialistes du vice. Les criminels professionnels s'amplifient avec l'arrivée de déserteurs et aussi ceux qui trouvaient du travail dans les circuits licites. Tous ces gens avaient de faux papiers pour survivre, ainsi que de faux carnets de rationnement. Le crime organisé britannique arrivait à maturité.

À la fin des années quarante, Billy Hill et Jack Spot, respectivement chefs des bandes armées, transformèrent en profondeur, la structure des gangs de Londres (Angleterre). Le développement du crime après-guerre en Grande-Bretagne a souvent été décrit comme une explosion. Hill réalisa qu'une association avec des gangs expérimentés était nécessaire à la mise en place d'une organisation criminelle efficace. Les dix années suivantes, Spot et Hill contrôlaient les courses de chevaux, le jeu et des bouges, mais leurs rapports se détériorèrent après une rixe au couteau entre Spot et le bras droit de Hill, Albert Dimes, en août 1955, à Soho. Puis, Spot perdit le contrôle de ses champs de courses, qui furent pris en main par des bandes rivales. Sur le déclin, Hill prit sa retraite, et le contrôle de Soho passa aux Nash, opérant à partir du Nord de Londres.

SECTION 5 - LES RAISONS DE LA CHUTE DE LA CRIMINALITÉ À NEW YORK

Les auteurs Alain Bauer et Émile Pérez ont soutenu que beaucoup d'observateurs envisagent de multiples raisons pour expliquer cette spectaculaire tendance de baisse de la criminalité. Les policiers préfèrent parler de leur activité renouvelée. En ce qui a trait au *New York Police Department* (NYPD), il est révélé que les effectifs étaient plus nombreux : le NYPD est passé de 28 741 policiers, en 1993 à 40 800, en 2000 (soit plus 42 %). Il est vrai qu'en 1995 le NYPD et les polices du Transit (métro et bus) et du Housing (logements collectifs) ont fusionné. Ce qui représentait un apport de 4 000 policiers déjà en charge de la lutte contre la délinquance en 1993. Dans le budget de 2003, ce nombre est cependant descendu à 3 910 agents.

5.1 - Les rapports entre les drogues et la criminalité chez les consommateurs

Sur cet angle, l'auteur Brochu a montré que certains jeunes aux prises avec des conditions de vie pénible et éprouvante d'importantes difficultés d'ordre familial et scolaire vont s'associer entre eux pour vivre des expériences alternatives. Ces dernières pourront les conduire vers une culture marginale où la consommation d'alcool et de cannabis, l'intoxication, la petite criminalité, les expériences sexuelles précoces et non protégées, la conduite automobile à risque, constituent des situations courantes et valorisées. Plusieurs de ces jeunes risquent alors d'entamer, plus ou moins consciemment un parcours qui, les mènera vers un régulier déviant de drogues proscrites et coûteuses, et possiblement vers la dépendance. La consommation de drogues n'inscrit pas nécessairement son usager dans une trajectoire déviante; c'est plutôt la répétition de l'acte, ses conséquences ainsi que sa signification individuelle qui le font.

5.1.1 - Trajectoire additive qui mène à la criminalité

En ce qui a trait à la trajectoire qui mène à la criminalité, L'Écrivain Brochu pense qu'une fois que la personne a atteint le stade de l'addiction, la drogue structure alors sa vie. La dépendance des drogues, telles la cocaïne qui se transige à des prix élevés, a certainement un fort impact économique chez la personne qui en devient dépendante.

La criminalité constitue alors une option difficile à éviter pour l'usager qui n'est pas disposé à mettre un terme à sa consommation.

Les délits commis à ce stade de la trajectoire, sont essentiellement produits à des fins lucratives pour satisfaire la demande en drogues. Toutefois, la criminalité ne constitue pas la seule activité rémunératrice. Ainsi, certains usagers qui ont su malgré tout conserver leur emploi, tenteront de travailler à des heures supplémentaires, s'ils sont encore en mesure de le faire. Ils réduiront au strict minimum l'ensemble de leurs dépenses et feront appel à toute leur inventivité et leur hardiesse pour se procurer de l'argent ou des biens nécessaires à leur survie.

Les usagers devenus dépendants qui ne s'étaient pas déjà initiés à la criminalité et une minorité, auront alors recours à des moyens illicites; les autres en auront plus souvent ou les diversifieront en fonction du coût des drogues consommées, augmentant ainsi les risques d'arrestation. La personne qui commence à s'impliquer criminellement, s'initiera souvent à une criminalité lucrative par des délits perpétrés auprès des proches. Ensuite, elle pourra poursuivre sa trajectoire délinquante en commettant des crimes dont la gravité et les risques s'amplifieront, afin de se procurer toujours plus d'argent pour sa consommation de drogues.

Bien que la personne commette fréquemment ses crimes alors qu'elle est intoxiquée, ces actes délictueux heurtent souvent les valeurs profondes du consommateur. De tels actes peuvent aussi faire surgir un important sentiment de culpabilité chez celui qui n'était pas déjà impliqué dans ce type d'activités avant de devenir dépendant. Deux choix s'offrent alors à lui : cesser de consommer ou se sentir coupable. De nombreux toxicomanes tenteront d'oublier ce sentiment en consommant encore plus, engendrant ainsi un véritable cercle vicieux, dans lequel la dépendance sort gagnante.

5.1.2 - Gangs de rue à New York : Un phénomène comparé avec celui d'Haïti

La situation qui a toujours prévalu en Haïti est intenable, par contre, elle ne se déroule pas seulement sur cette île, mais également dans d'autres pays; voyons ce qui caractérise généralement ces actes associables et comment les gangs de New York s'y prenaient dans le temps pour opérer dans leur sphère d'action. Donc, partout, les mêmes causses produisent les mêmes effets. Pour Herbert Asbury, les gangs de

New York ne se ressemblaient à aucun autre gang parce que New York était en soi un labyrinthe infernal, monstre du nouveau monde où la pauvreté et la richesse se côtoyaient, où le commerce était comme une conflagration, où la loi et l'ordre n'obéissaient qu'aux plus riches.

Rappelons que New York n'a pas eu de Collège avant la fin du XIXᵉ siècle, ce qui signifie qu'un enfant pauvre devait se débrouiller seul; il quittait l'école à 12 ou 13 ans. C'était donc le destin de la plupart des garçons. À la fin des années 1850, 30 000 garçons ou jeunes gens appartenaient à des gangs comme les *Swamp Angels* ou les *Dead Rabbits*[11], qui contrôlaient de grandes zones du territoire et collectaient les tributs aussi souvent qu'ils pouvaient auprès de tout un chacun. Les gangs constituaient des bandes qui s'enracinaient dans le peuple, mais proliféraient en dehors de lui et édictaient leurs propres règles.

Respectivement, ces bandes étaient composées de voyous ou de malfrats qui se battaient en sous - vêtements et buvaient du whisky à même le tonneau : Chaque client *enfournait le tuyau dans la bouche et avait le droit d'aspirer autant de quantité d'alcool qu'il voulait à la condition de ne pas reprendre son souffle*. Les gangs s'entre-tuaient pour des parcelles de territoire. Une bande comprenait jusqu'à 1 000 membres et formait généralement sa propre brigade de pompiers. Parfois, 5 ou 6 gangs se déchiraient pour éteindre un même incendie, et les voyous continuaient à s'étriper pendant que le feu dévorait le quartier. Ils étaient anarchiques, violents, querelleurs, jusqu'au jour où les politiciens les engagèrent afin de manipuler les élections. Dans tout pays, cela a toujours été ainsi.

---

11 **Les Swamps ou les Deads rabbits :** *Bandes armées qui contrôlaient la ville de New York à la fin des années 1850. Notons que les Swamps et les Deads Rabbits peuvent se comparer avec l'armée rouge à Cité Soleil (début de 1995 à 1996) et celles de Bale wouze et de Ti -Manchèt, groupes armés bien connus à Port-au-Prince (Haïti).*

5.1.3 - L'insécurité publique en Haïti : Un patient qui exige un bon diagnostic

Lorsque nous faisons une étude très poussée du phénomène de l'insécurité publique en Haïti, nous pouvons clairement voir que malgré que ce pays se fasse les manchettes dans les journaux sur le plan de l'insécurité publique, il y a des zones de Port-au-Prince qui sont très tranquilles. Par exemple, si on fait un tour à Fermathe, Laboule, Thomassin, Montagne noire, pour ne citer que ces quartiers privilégiés, on peut voir qu'Haïti présente l'aspect de n'importe quel pays industrialisé par le climat serein qui règne dans ces hauteurs, on dira peut-être qu'on n'est plus dans un pays où l'on parle à tout bout de champ de violence et du phénomène de l'insécurité publique.

Dans la classe défavorisée, nous avons constaté que des rues sont obstruées; des pneus qui brûlent et des activités sont souvent paralysées, alors que ce *grabuge*[12] ne se produit jamais dans les hauteurs de Port-au-Prince. Selon des études faites sur ce phénomène, les experts en criminologie et délinquance juvénile, ont avancé que l'insécurité publique, est directement liée à la masse, la pauvreté et la misère. D'après nous, si on veut vraiment contrer l'insécurité publique en Haïti, il ne faut pas qu'on l'analyse seulement en amont, mais surtout la scruter en aval. Il faut aussi qu'on aborde cette problématique sur l'angle de la pauvreté, de la promiscuité, de l'exode rural, du chômage, de la délinquance juvénile, du taux de natalité incontrôlé et tous les enjeux qui caractérisent la misère en Haïti.

---

12 *Grabuge :* N f, *Désordre qui en résulte. Ex : Il pourrait y avoir du grabuge, Honoré de Balzac. Nouveau Petit Robert de la langue française, Édition 2007, P.1172.*

La déghettoïsation ou la débidonvillisation demeure un défi majeur dans la perspective de sécurité durable en Haïti. Lorsque nous nous rendons compte de tous les facteurs qui auraient engendré le phénomène de l'insécurité publique en milieu haïtien, nous pouvons nous permettre de dire que la garantie de la sécurité n'est presque plus une tâche relevant uniquement de la compétence policière et de la mission de la paix, mais surtout de celle compétence du gouvernement d'Haïti. Comment peut-il y intervenir et y apporter des solutions durables ? Ses meilleures approches à cette problématique, seraient de créer des conditions propices pour que la Police puisse mieux exercer sa fonction dans un meilleur climat. Si Haïti dispose d'une Police qui a tant d'ardeur pour travailler, mais a peu de moyens logistiques, est très limitée en nombre, et se trouve en face d'immenses bidonvilles où ce sont les bandits qui font la loi, c'est normal que cette Police se révèle parfois impuissante dans certains endroits réputés chauds de la capitale. Nous voulons donc parler surtout des opérations effectuées à Cité Soleil, ou à Solino.

Nous entendons par conditions propices, toutes les mesures que les dirigeants devraient prendre pour renforcer le corps de Police, le professionnaliser, créer la gendarmerie ou réformer l'Armée qui devra s'occuper de la sauvegarde du pays, mais, pas une armée tortionnaire, comme nous l'avons connue par le passé, notamment dans l'ère des gouvernements totalitaires des Duvalier. Cette Armée s'occupera alors du reboisement, de la sécurité frontalière, maritime, de la reconstruction des infrastructures et veillera à la sûreté de l'État. D'autres initiatives qui pourraient contribuer à la stabilisation du pays, c'est le combat sanglant contre la pauvreté, la ghettoïsation et le sous-développement. La reconstruction des bidonvilles, la décentralisation, le contrôle du taux de natalité, la minimisation du chômage et de l'alphabétisation de la population, sont autant d'éléments indispensables à la sécurité durable tant souhaitée.

5.1.4 - L'insécurité publique en Haïti : Un grand défi pour les autorités haïtiennes

La résolution totale de l'insécurité publique en Haïti est considérée comme un défi pour l'État haïtien, car, il est difficile de l'enrayer et presque impossible de la contenir. L'insécurité publique a toujours été un handicap dans le fonctionnement de l'appareil de l'État haïtien, notamment après les règnes des pouvoirs totalitaires des Duvalier. Puisque ce phénomène a fait des remous au cours de l'année 2006, on peut dire qu'il a constitué un virus incontestable au sein de la communauté haïtienne. Les bandits ont semé de la terreur dans toutes les zones de la capitale et même dans certaines villes de province. Presque chaque jour, on est informé des actes de kidnapping qui se sont perpétrés dans diverses sphères de la métropole.

Comment voulez-vous qu'après avoir battu et tué cruellement la jeune Natacha Dessources *âgée de 20 ans*, sa mère, son frère et ses proches, au lieu d'avoir de la tranquillité pour faire son deuil, ils se voient transformés en nomades en marchant çà et là, à la recherche d'un climat de sécurité. Ils ont continué quand même à être persécutés par des membres de gang qui ont tué leur fille ! La machine de la peur n'a même pas épargné les écoliers qui représentent la relève ou la pépinière du pays. En plein jour, on voit des actes d'enlèvement qui se perpètrent dans les différentes écoles de la capitale et les parents traumatisés sont obligés de se précipiter aux portes des établissements scolaires en vue de récupérer leurs enfants. Une telle situation a montré clairement que le gouvernement haïtien a perdu le contrôle de la sécurité de la population.

Évidemment, cette situation de l'insécurité publique en Haïti, traumatise la population et présente le pays sur un sombre tableau aux yeux du monde international.

Entre autres, tout le monde trouve anormal que des crimes aussi crapuleux continuent à se perpétrer dans le pays. L'enlèvement (kidnapping) est devenu une industrie en pleine croissance alors que les autorités en place soutenaient que la meilleure façon pour pallier cette crise, étaient de négocier avec les bandits. On comprend alors qu'une telle stratégie politique vise à tolérer ces derniers dans l'exercice de leurs activités malhonnêtes.

On sait que les actes qui sont commis dans la société haïtienne sont incorrects, mais les décisions que le gouvernement a prises face à cette situation, ont pour cause première, de sauvegarder son pouvoir. Étant donné que les bandits peuvent à tout moment troubler la communauté, eh bien, le gouvernement n'a pas d'autre choix que de les tolérer pour éviter le pire. Notons cette tolérance a été transformée en des arrestations musclées de la part des soldats de la MINUSTAH et de la Police haïtienne. Et, maintenant bon nombre de chefs de gangs se trouve actuellement sous les verrous. Cette prise de décision applaudie par la communauté haïtienne a occasionné qu'on a connu un calme apparent sur le plan de l'insécurité publique après la deuxième accession de l'Ex-Président Préval au pouvoir en 2006.

Par ailleurs, nous profitons de cette approche pour analyser la peine de mort que prônaient certaines autorités qui sont hostiles à la recrudescence de l'insécurité publique et l'émancipation du kidnapping en Haïti. Dans toute société qui respecte la loi, il est insensé de prendre une telle décision sans que la constitution du pays ne le permette. Nous sommes certain que vous nous dites que le problème de l'insécurité publique est pressant et que les bandits tuent, traquent, intimident et traumatisent à tout bout de champ.

Tout ce que vous auriez avancé est vrai, mais peut-on agir sous l'impulsion face à cette situation ? Si ce gouvernement répond du tac au tac aux actes perpétrés par les bandits sous aucune couverture de la justice, comment va-t-il être perçu aux yeux du monde international et face à la loi ? Au cas où les responsables du gouvernement prendraient de telles mesures, ne se placeraient-ils pas dans le même panier que les gens de non-droit qui terrorisent la paisible population haïtienne ? Nous ne faisons pas trop d'approches sur les excès de langage qui ont été faits par certains responsables du pays, nous parlons plutôt au sens large et légal du terme.

5.1.5 - Quelle dimension que l'insécurité publique a prise pendant le deuxième mandat de Préval ?

Avant la montée de l'Ex-Président Préval à la magistrature de l'État, l'insécurité publique faisait rage en Haïti. Cependant, grâce aux efforts déployés par la Police et la MINUSTAH, elle avait été améliorée suite aux arrestations des chefs de gang qui opéraient dans les différents quartiers réputés chauds de Port-au-Prince. Au cours de l'anniversaire du second quinquennat de l'ex-Président René Garcia Préval en date du 14 mai 2007, les hauts responsables du gouvernement se sont félicités pour l'amélioration qui a été cristallisée au niveau du phénomène de l'insécurité publique en Haïti.

Les efforts conjugués par le gouvernement sont indéniables, mais peut-on prendre ce changement pour acquis lorsqu'on connaît les causes profondes de ce climat de l'insécurité publique qui sévit en Haïti ? Avant d'applaudir la sérénité qui s'y apparentait, il fallait vérifier si tous les éléments qui ont enclenché ce phénomène de l'insécurité publique étaient identifiés. Il fallait aussi se demander ceci : *A-t-on cerné tous les aspects de cette problématique ? Ce problème est-il traité à la base ?* Si les réponses sont négatives, cela sous-entend qu'il faut chercher les enjeux de cette problématique à la source. Dans le cas contraire, le changement constaté au niveau du phénomène de l'insécurité publique en Haïti n'est pas total. Et, si cette problématique n'est pas analysée dans toutes ses facettes, on peut s'attendre à un rebondissement de ce même phénomène. Certainement, l'arrestation des chefs de gang est un premier pas vers la stabilité souhaitée, mais quel sera le profil de la sécurité publique après la libération ou l'évasion des chefs de gang ? Personne ne sait...!

Les efforts conjoints consentis par la Police nationale d'Haïti et la MINUSTAH au cours des dernières vagues de l'insécurité publique, ont cristallisé à bien des égards, un climat de sécurité dit apparent plus principalement dans les grandes villes. Les divers responsables de missions de stabilité en Haïti, se sont toujours identifiés comme accompagnateurs ou observateurs de la Police nationale d'Haïti, mais les derniers niveaux de recrudescence qui se sont affirmés plus précisément à Port-au-Prince, ont contraint le gouvernement Préval et Alexis à y prêter une attention soutenue.

Cependant, la montée de la recrudescence de l'insécurité publique qu'on a constatée en Haïti, jusqu'à la seconde accession de l'Ex-Président René Garcia Préval au pouvoir en 2006, allait se rabattre avec la prise part active des soldats de la MINUSTAH dans les patrouilles de routine ou de proximité et la détermination des agents de la Police nationale de prendre le dessus de ce fléau. L'ajout de nouveaux officiers fraîchement gradués, ne peut non plus être ignoré dans l'amélioration de la sécurité dans certaines zones chaudes du pays. Notons que la quantité de policiers affectée à une patrouille a un effet significatif, voire psychologique aux yeux des membres de gang et des gens de non-droit.

Revenons aux opérations musclées effectuées par la Police. Cette initiative de boulonnage des bandits, entreprise par les tenants de la sécurité publique en Haïti, a abouti à la mise sous les verrous des plus puissants chefs de gang de Port-au-Prince. Disons que si le phénomène de l'insécurité publique en Haïti, représente pour certains une problématique ayant de profondes et de nombreuses racines; à notre humble avis, comme nous l'avons mentionné plus haut, on ne peut pas encore célébrer le calme apparent dont on parle. Les autorités haïtiennes se doivent de dépister de manière minutieuse, tous les indices hypothéquant la sécurité intérieure d'Haïti. Dans le cas contraire, on peut s'attendre à une rechute ou un rebondissement de la recrudescence du phénomène l'insécurité publique dans les différentes régions à risque du pays.

5.1.6 - L'épuration de la Police haïtienne : Un processus long et difficile

De la même manière qu'instaurer la sécurité publique est une priorité pour l'État haïtien, il l'est tout aussi important pour l'épuration du corps de police. Dans un plan de réforme qu'on a visé au regard de la Police nationale d'Haïti, on compte d'analyser les avoirs des policiers, du Directeur général de cette institution jusqu'aux plus bas gradés. C'est bon que les responsables pensent à prendre une telle initiative, car, une réforme administrative s'avère importante au sein de l'institution policière. En tout cas, on a besoin des dirigeants qui disent quelque chose quand ils peuvent le faire, mais qui ne vont pas le dire uniquement pour prononcer de bons discours, puis remettre leurs projets aux calendes grecques.

D'autre part, si on veut avoir une Police moderne et renouvelée, il est impérieux de se lancer dans un processus d'épuration de ce corps, le rendre fort tout en le dotant des agents adéquats capables de garantir la sécurité de la population haïtienne. La professionnalisation de l'institution marche aussi de pair avec cette modernité qu'on envisage, comment vouloir évaluer une personne pendant qu'elle fonctionne sur la base d'une formation non recyclée, donc, sans recevoir de séminaires ? Cette épuration suppose aussi la mise en place de meilleures conditions de vie des agents. On comprend qu'il est très facile de faire des projets d'avenir, mais entre le dire et le faire, il y a tout un univers de différence.

CHAPITRE V

SECTION 5 - SÉCURITÉ NATIONALE DU CANADA

Étant donné que la sécurité publique du Canada est très réglementée, analysons quelques facettes de certaines dispositions prises vis-à-vis de la sûreté de cette nation. Prenons maintenant connaissance de la sécurité publique au Canada. Selon un rapport de 2004 et 2005, les lois sur la sécurité publique de ce pays permettent d'utiliser des renseignements pour identifier les personnes recherchées en vertu d'un mandat et pour un large éventail d'infractions criminelles ordinaires. En d'autres termes, la lutte antiterroriste sert à combler des lacunes de l'application ordinaire de la loi, nivelant par le bas, le modèle généralement exigé des autorités responsables de son application.

Une disposition prévue dans la loi sur la sécurité publique, modifie la *LPRDÉ* afin d'autoriser les organisations du secteur privé à accueillir des renseignements personnels et à les communiquer au gouvernement, aux organismes chargés de l'application de la loi et de la sécurité nationale. Les modifications ne s'appliquent évidemment pas uniquement aux sociétés de transport. Dans ce même rapport, la communication de renseignements personnels est une façon efficace de s'assurer le concours des organisations du secteur privé en s'appropriant ces organisations et en les mettant au service des forces de l'ordre, ce qui estompe dangereusement la démarcation entre le secteur publique et privé. Ainsi, ce n'est pas seulement le secteur privé qui est intégré aux activités d'application de la loi; la logique de la lutte antiterroriste s'immisce également dans les initiatives plus conventionnelles en matière d'application de la loi et de sécurité publique. Cet état d'esprit menace d'éroder notre droit à la vie privée et à nos autres libertés parce que les contraintes opérationnelles des organismes de sécurité nationale, par exemple, l'obligation d'obtenir une autorisation judiciaire est plus souvent plus faible que celles régissant les organismes chargés de l'application de la loi. Les débats sur la sécurité publique ne sont pas nouveaux. Ils ont cours depuis des années et remontent certainement au delà du 11 septembre 2001. Aujourd'hui, on entend des messages explicites sur les services de Police axés sur les renseignements et la vigilance.

5.1 - Circulation transfrontalière des renseignements personnels

Dans le contexte de la circulation transfrontalière sur les renseignements, le gouvernement canadien recueille, analyse et échange les renseignements personnels avec le concours de la technologie, des nouvelles lois, de la réorganisation gouvernementale et d'une plus grande collaboration avec les États étrangers. La circulation de renseignements personnels entre les ministères et les organismes gouvernementaux a vraisemblablement augmenté de manière considérable, tant au pays qu'à l'extérieur du Canada.

Tous ces facteurs ont entraîné un changement fondamental dans l'équilibre entre la sécurité nationale, l'application de la loi et la protection des renseignements et ont donné lieu à une diminution de la protection de la vie et des procédures équitables pour les personnes. En 2004, le gouvernement du Canada a lancé sa toute première politique de sécurité nationale. La politique promet la création d'un centre d'évaluation intégré des menaces pour faciliter la collecte, l'analyse et l'échange de renseignements et d'autres informations.

Le gouvernement a subi une restructuration, d'où la création du nouveau ministère de la Sécurité et de la Protection civile du Canada et de nouveaux organismes. Il n'est pas surprenant de constater que l'optique de la frontière intelligente de la sécurité transfrontalière ait fait s'accroître la coopération et l'échange de renseignements avec les États-Unis. Les deux pays ont mis sur pied des équipes intégrées la Police des frontières et de Police maritime, organismes d'application de la loi afin de coordonner leurs efforts dans la lutte contre les activités criminelles transfrontalières et terroristes.

À la lumière du procédé du gouvernement du Canada sur la sécurité publique, on pourrait, dans le cadre de la modernisation de la sécurité publique en Haïti, penser à adopter certains éléments de la stratégie utilisée par l'État canadien pour garantir la sécurité nationale. On s'entend que ce n'est pas le même pays, ni les mêmes structures, ni les mêmes moyens; c'est pour cela que nous avons parlé de la mise en application de quelques éléments de ces méthodes de gestion de la sécurité intérieure dans le cas d'Haïti.

5.1.1 - La théorie de l'effet démographique

Les démographes ont avancé que pour ce qui est du rapport à la démographie, les policiers n'y voient pas de corrélation directe. Pendant que la population baissait dans les années 1970 de 11 %, la délinquance restait à son plus haut niveau, tandis que la tranche d'âge des 15 et 19 ans, connaissait une naissance de zéro pour cent entre 1970 et 1990, le taux des arrestations de ces jeunes, a lui aussi augmenté de 88 %. Donc, les raisons démographiques n'expliquent pas les changements à court terme enregistrés. Maintenant, analysons le tableau des différents taux de criminalité à New York échelonnant de 1950 à 2000, que voici :

Tableau population et criminalité

Année	Population	Taux de criminalité
1950	7 891 957	1 739,16
1960	7 781 984	22 109,84
1970	7 894 862	78 24,27
1980	7 071 639	10 042,24
1990	7 322 564	9 811,90
2000	7 380 900	4 412,17

5.1.2 - Un changement d'attitude professionnelle

À New York, la raison principale de la baisse de la criminalité serait un changement d'attitude professionnelle des policiers. Au cours de la première période, Giuliani William Bratton, le chef de la Police, *Police commissionner*, s'est attaché à la mise en application sur le terrain des triptyques *fenêtres brisées-* tolérance zéro. Nommé en 1996, Howard Safir, le chef de la Police, a lancé une des premières initiatives sur un changement plus « moral » de l'attitude des policiers. « Courtoisie, Professionnalisme, Respect » devenait la devise du *New York Police Department* (NYPD). Il s'agissait alors de se rapprocher de la population, car celle-ci pouvait « comprendre et endurer » une action plus « virulente » des policiers dans la lutte contre une délinquance ayant atteint son *paroxysme*[13]. Cependant, une fois la courbe de la criminalité revenue à des niveaux plus raisonnables, la compréhension de la population a diminué. Les nouveaux chefs de Police, Bernard Krik et Raymond Kelly nommés en 2000 et 2002, ont ou auraient dû en subir les contrecoups, car, 23 policiers du NYPD ont péri dans l'attentat du 11 septembre 2001.

---

13 ***Paroxysme13*** *: N m, le plus haut degré d'un phénomène, d'un quelconque niveau. Nouveau Petit Robert de la langue française, édition 2007, p. 1811.*

5.1.3 - Les stratégies novatrices de la lutte contre la délinquance

La réduction de la criminalité, à New York, est en grande partie attribuable à des stratégies novatrices et à des procédés de gestions dynamiques. Depuis l'arrivée de William Bratton comme Commissaire de Police, un programme complet intègre quatre principes de réduction de la criminalité dans pratiquement chaque fonction et chaque activité entreprises, tant par le NYPD, que par ses membres.

Ces quatre principes de base de réduction de la criminalité sont simplement déclinés :
1- Renseignements précis et opportuns;
2- Tactiques efficaces;
3- Déploiement rapide de personnel et de ressources;
4- Suivi, constat et évaluation.

Ce programme est également développé en synergie avec les efforts de revitalisation du NYPD (New York Police Department), qui passent notamment par l'alignement prudent des mécanismes de responsabilisation et de liberté d'action des policiers à tous les niveaux. Depuis qu'il enregistre des succès continu, le NYPD, *New York Police Department* fait partager sa méthode aux policiers du monde entier en organisant conférences et visites. Ces rencontres, à la fois de consommation et très techniques, permettent à la Police de New York de présenter une image d'efficacité et de développer de nouvelles recherches, notamment en *Cartographie*[14].

---

14 *Cartographie14 : N f*, *établissement du dessin de l'édition, des cartes et des plans. Nouveau Petit Robert de la langue française, édition 2007, p. 359.*

En effet, le NYPD dispose d'un système informatique et d'une cartographie opérationnelle spécifique appelé *Comp stat*. Le *Comp Stat* est à la fois un outil d'aide à la décision et une méthode de management impliquant la responsabilisation personnelle des policiers, comptables vis-à-vis des New-Yorkais de la lutte contre le crime dans leur ville. Un véritable *tourisme de la sécurité* s'est d'ailleurs créé dans la ville de New York devenue *La Mecque de la sécurité*, des missions d'études du monde entier se bousculant pour comprendre et apprendre de la réussite de New York.

5.1.4 - Voici les stratégies à utiliser pour mieux appréhender les bandits

Dans le cadre du phénomène de l'insécurité publique en Haïti, la Police nationale d'Haïti devrait recruter des agents doubles pour mandat de patrouiller et en civil dans les différents départements du pays. En se fondant en civil discrètement au sein de la population, ils serviront comme dit le jargon policier, des yeux et des oreilles de la Police administrative qui, elle-même, patrouille en uniforme. Cette stratégie policière aiderait à compléter et à parfaire le travail policier. Évidemment, les agents doubles ou investigateurs des lieux, auront pour tâches de travailler en étroite collaboration avec ceux de la Police administrative. Pourquoi proposons-nous une telle stratégie ? Eh bien c'est parce qu'il n'y a pas de bandits qui seraient en train de commettre un acte et qui ne videraient pas les lieux en voyant une patrouille policière, car, l'uniforme et la voiture de Police représentent deux indices qui les obligent de courir. Notamment, la nuit, les gyrophares incitent les voleurs à remarquer la présence de la Police dans une zone, ce qui leur font courir à la vitesse de l'éclair.

La meilleure stratégie pour qu'une enquête policière porte fruit, les investigateurs peuvent se fondre en civil, par exemple, dans un marché pour appréhender plus facilement des bandits ou voleurs que les policiers en uniforme ne pourront jamais intercepter. Il est inconcevable qu'Haïti ne se dote pas d'un tel service secret au sein de l'institution policière. Par exemple, au Canada, de la même manière dont des patrouilles policières sont faites par des agents en uniforme, il y a également des policiers secrets conduisant des voitures ne portant aucune identification policière, qui interviennent sur des cas et donnent des contraventions. Donc, il faut toujours faire attention. De plus, un travail d'éducation civique devrait se faire. La population doit avoir un numéro de contact direct pour appeler la Police en cas de besoin. Dans les pays étrangers, même les enfants en bas âges savent que 911 est le numéro direct pour rejoindre la Police.

La population haïtienne, elle aussi, devrait avoir le numéro d'urgence pour entrer en contact avec la Police nationale. Donc, il faut penser non seulement à mettre les gens en contact direct avec la Police, mais également moderniser ce corps ayant cette lourde tâche qui est celle de servir et de protéger la population.

5.1.5 - Les risques de la rue

Pour certains jeunes adultes, particulièrement ceux qui sont exclus de la famille, de l'école et du marché du travail ou ceux qui n'avaient eu pas la chance d'y faire partie, le dernier recours est de se situer dans la rue. Pour ces derniers, la rue devient un lieu privilégié pour combler leur quête d'identité, fraterniser, développer une appartenance. Pour d'autres, choisir la rue, c'est choisir un lieu idéalisé, associé à la liberté, une façon de dire à leurs parents : *J'en ai assez* ! Tenons compte aussi de ses dangers parce que ces jeunes doivent apprendre à survivre et cohabiter avec des colocataires qui ne sont pas toujours tendres à leur égard.

Dans la rue, on rencontre plusieurs catégories de personnes, tels des réseaux organisés qui tirent profit de la détresse des jeunes, vendeurs de drogues, *proxénètes*[15], délinquants sexuels, crime organisé. Par ailleurs, la présence de déterminants sociaux, la pauvreté, la sous-alimentation, l'absence de logements, la répression et autres, ajoute aux risques qui menacent leur physique et leur mental. En général, les études sur le phénomène des jeunes de la rue laissent peu de place à la relation avec la pauvreté. Pourtant, la pauvreté est un problème présent chez cette population qui se caractérise par une précarité des moyens pour assurer sa survie.

5.1.6 - Apprenez la persévérance à vos enfants

Les parents responsables doivent s'efforcer pour vaincre les difficultés qui entravent la réalisation des objectifs de leurs enfants. Ils doivent aussi être déterminés malgré l'adversité, même si celle-ci est accablante, c'est sans doute la façon la plus idéale pour un être humain de se réaliser face aux circonstances qui sont hostiles à son succès. Vaincre ces difficultés en les traversant, en les contournant à la hâte, en passant par-dessus ou par-dessous. La faim que l'être humain développe s'alimente de sa capacité à persévérer. Les plus grands mots de Winston Churchill, ont été ceux qui lui ont permis de mobiliser l'esprit de combat chez les

---

15 **Proxénètes 15 :** *1. Personne qui s'entremet dans les intrigues galantes pour de l'argent.*
2. Personne qui tire des revenus de la prostitution d'autrui. Nouveau Petit Robert de la langue française, édition 2007, p. 2059.

soldats de l'armée britannique qui était assiégée pendant la Seconde Guerre mondiale et ils ont prononcé les mots qui suivent :

Nous allons nous battre sur les plages,
Nous allons nous battre sur les terrains d'atterrissage,
Nous allons nous battre dans les champs et dans les rues,
Nous allons nous battre dans les collines,
Nous ne nous rendrons jamais.

Ce n'est pas dans notre intérêt de succomber sous le poids de l'adversité simplement parce que cela existe. L'adversité, c'est comme un caillou : soit il aiguise la lame brillante de notre caractère, soit on se plie en deux sous son poids. Ce n'est pas le moment de se plier sous la sagesse pervertie de la médiocrité qu'on nous chuchote à l'oreille.

La persévérance développera chez nos enfants l'esprit de *leadership* plutôt que celui de résignation. Consommer de la drogue, c'est restreindre sa réussite et son dynamisme à cause de la pointe d'une aiguille, du mégot, d'un joint ou d'une pincée de poudre. L'estime de soi basée sur les valeurs, le respect et sur la compétence nous protègent vraiment de la drogue, mais aucune de ces réalités ne peut s'acquitter sans la volonté de persévérer.

5.1.7 - Aidez vos enfants à se projeter dans l'avenir

Maintenant, voyons comment on peut s'y prendre pour orienter un enfant vers un objectif précis. Prenons l'exemple d'une fille qui s'appellerait Sarah, demandez-lui de dessiner une scène qui représenterait ce qu'elle veut faire dans cinq ans. Ensuite, demandez-lui de faire un autre dessin évoquant ce qu'elle fera dans dix, quinze, puis vingt ans. Vous allez être étonné de la précision de ce que les enfants en général, veulent faire dans la vie. Considérons toutes ces projections dans l'avenir avec respect et sérieux.

Dès l'âge de quatre ans, les enfants peuvent prendre part à cet exercice si on réduit le planning de toutes les semaines, tous les mois ou toutes les années. Ne soyez pas inquiets de leur avenir. Cette approche invite les parents à encadrer leurs enfants, à les aider à se fixer un objectif. Beaucoup d'enfants qui s'associent à des activités illicites, n'ont jamais été orientés par leurs parents, ils ne leur ont jamais expliqué les conséquences des actes reprochés par la société. Le résultat, c'est que beaucoup d'adolescents s'immiscent dans le gangstérisme, donc, la famille peut, de près ou de loin, contribuer à combattre la délinquance juvénile et réduire la recrudescence des bandes armées.

SECTION 6 - UN MODÈLE ORIGINAL D'INTERVENTION AUPRÈS DES JEUNES DE LA RUE

Certains organismes communautaires comme : *Le bon Dieu dans la rue à Montréal,* La maison Dauphine à Québec et le projet intervention-prostitution interviennent là où les jeunes se retrouvent : dans les parcs, dans certaines rues et places publiques. Ces personnes appliquent une philosophie d'écoute respectueuse et de sympathie, d'accompagnement et de protection, ce qui constitue un facteur sécurisant dans le processus de socialisation et de réinsertion sociale des jeunes. L'approche de ces organismes est basée sur le principe qu'il faut travailler à activer les compétences du jeune plutôt qu'à gérer ses problèmes. Les jeunes sont si peu habitués à cette approche qu'ils sont souvent surpris ou déroutés lorsqu'on leur demande ce qu'ils aiment où ce qu'ils voudraient faire, car ils ont l'habitude d'être abordés seulement sous l'angle de leurs problèmes.

Avant d'étiqueter la toxicomanie ou la prostitution comme un problème, le personnel de ces organismes préfère les considérer comme un symptôme ou même comme des solutions et, jusqu'à un certain point, applicables à d'autres problèmes. Les responsables de cet organisme mettent en place des activités permettant aux jeunes d'occuper leur temps de façon plus constructive qu'en consommant des drogues ou qu'en restant oisifs. Il est important de partir du potentiel des jeunes plutôt que de s'attarder à leurs problèmes et à leurs limites, cela leur aide à reprendre confiance en leurs capacités.

6.1 - Sortir de la rue

Bien sûr, les jeunes de la rue ne se définissent pas uniquement par leurs conditions de vie. Comme tous les autres jeunes, ils ont des aspirations, des attentes, des rêves des projets d'avenir. Pour certains de ces jeunes, les rêves se réaliseront. Cependant, pour d'autres, en tenant compte des retards pédagogiques, du décrochage scolaire, de la saturation du marché du travail et de « l'inadaptation des milieux de travail susceptibles de les accueillir ». Il existe aussi un risque important d'intégration interlope au milieu criminalisé. Le jeune adulte entrera dans certains réseaux connexes telles les organisations criminelles (gangs, prostitution). Si plusieurs d'entre eux réussissent à s'insérer socialement, malheureusement, d'autres prennent la direction de l'itinérance, d'un style de vie criminalisé, voire la mort.

6.1.1 - Les enfants de rue : Futurs gangs potentiels aux âges majeurs

Avec la montée du taux de natalité qui s'installe en Haïti, on localise des adolescents en grand nombre dans les parages de l'ancien grand quartier général de l'ex-armée d'Haïti, en face du Rex théâtre, au coin de l'hôpital général, aux abords de la cathédrale, le long du Boulevard Jean-Jacques Dessalines, du Boulevard Harry Truman et dans les différentes artères importantes du Centre-ville (Port-au-Prince). Ces adolescents qui sont appelés par la population, *Ti-coco-rats, ti-mayemayes,* ou *ti-grapiayes*[16], se livrent au lavage de pare-brises de voitures pour un ou deux *adoquins* (dollar(s), à la consommation de stupéfiants, à l'usage de cigarettes, du crack ou à la mendicité et la prostitution. Lors d'un micro trottoir réalisé par l'une des stations de radio de Port-au-Prince, ces adolescents ont affirmé qu'ils sont obligés d'évoluer à ce niveau social parce qu'ils sont livrés à eux-mêmes, faute de programmes sociaux pour les encadrer.

Selon eux, ils aimeraient devenir tout ce qui est prestigieux dans la vie : Ingénieur, Avocat, Médecin, Agronome, Professeur et même Président de la République. Ces adolescents qui résistent encore aux pressions sociales, ne sont-ils pas susceptibles de se transformer en un danger imminent pour la société ? Ne sont-ils pas influençables ? S'ils s'éternisent dans de telles situations, à l'âge majeur, les exigences de la vie pourront amener certains d'entre eux à s'inscrire dans des activités illégitimes. Lors d'une interrogation policière, un adolescent complice de la mort des policiers, ayant été arrêté, a affirmé qu'il a aidé les bandits à localiser les policiers qu'ils veulent abattre. Il a dit que les bandits

---

16 **Ti-koko-rats, ti-mayemayes, ou ti-grapiayes :** *Ce terme se dit en Haïti, d'orphelins ou d'enfants de rue, lesquels sont livrés à eux-mêmes, et prêts à tout faire pour survivre.*

l'ont souvent envoyé regarder s'il y a des policiers dans leur zone. Il a précisé qu'il a même déjà fait abattre cinq policiers.

Enfin, il conclut en disant que quand les bandits sont dans la rue et qu'ils sont armés, lorsqu'ils voient une patrouille policière, ils jettent leur arme au bord de la route ou les lancent dans un boisé pour les récupérer après que la patrouille policière ait fini de passer. D'où un évident obstacle pour la société haïtienne, un potentiel ennemi pour la Police et une réelle entrave pour la sécurité intérieure d'Haïti. Dans ce contexte, est-il de mise de résoudre la problématique de l'insécurité publique, uniquement par l'envoi des militaires étrangers, la restitution de l'armée et l'augmentation des policiers haïtiens ? Anéantir l'insécurité publique n'est-il pas plus fondamental ? Ne devrait-on pas livrer un combat contre la pauvreté, laquelle crée la prolifération des bandits ? Ne devrait-on pas voir cette lutte contre l'insécurité publique sur un angle plutôt macroscopique ?

6.1.2 - Le risque

Le risque naît de l'absence de contrôle de la concentration et de la qualité des produits. L'apprentissage d'une gestion adéquate du produit deviendrait extrêmement difficile et les risques liés à sa consommation, car, même quand la qualité du produit et sa concentration sont mesurées, il faut tenir compte de plusieurs autres facteurs : Émotions, état de fatigue et de vulnérabilité. Les vendeurs observent les mêmes règles de rentabilité que celles qui ont cours sur tous les marchés légaux : Repérer une clientèle potentielle, s'assurer de sa fidélité, trouver de nouvelles clientèles. Toutefois le commerce, la concentration et la qualité des produits n'étant pas réglementés, tous les coups sont permis : Vente de drogues aux enfants, mise en marché de produits extrêmement toxiques. L'objectif de certains vendeurs est de s'aliéner un acheteur à vie, en stimulant des modes de consommation qui peuvent générer plus de dépendance que d'autres modes considérés plus sûrs.

6.1.3 - La déviance sociale ou la délinquance

Les Écrivains Dollard Cormier, Serge Brochu et Jean-Pierre Bergevin, ont avancé que l'association hâtive établie entre la consommation de drogues à l'adolescence et la tendance à la délinquance existe dans bien des esprits. Pour bien de gens, c'est la substance qui est criminogène. Pour d'autres, l'attrait qu'exercent les drogues, vient d'une nature foncièrement déviante. Les *mass media* ne se gênent pas pour élaborer dans un sens ou dans un autre. La tendance cependant est de prêter aux drogues la détermination totale de tout crime chez les jeunes et les adultes. Le plus souvent, il n'en dégage rien d'une relation de cause à effet.

6.1.4 - Consommation de drogues

D'après l'Écrivain Serge Brochu, certaines personnes consomment trop de drogues en une seule occasion, ce qui les mène ainsi à l'intoxication, d'autres en ont consommé trop démesurément, ce qui les conduit à l'accoutumance et à l'indépendance. Plus loin, dans son analyse sur la consommation de drogues, l'Écrivain Brochu pense que les substances psycho actives possèdent deux propriétés qui sont souvent dues à la criminalité. La première constitue un effet à court terme : l'intoxication. La deuxième s'acquiert à la suite d'un parcours particulier d'utilisation de drogues : la dépendance. D'une part, selon Brochu, sous l'emprise d'une ou plusieurs drogues, le consommateur modifierait ses comportements pour donner libre cours à certains penchants criminels qu'il n'aurait pas autrement libérés.

D'autre part, Brochu soutient que certains produits psychotropes se transigent à des prix élevés. La personne qui en devient dépendante hérite alors d'un fardeau économique important et risque de s'adonner à des activités criminelles. Diverses substances psycho actives semblent donc posséder des propriétés qui facilitent un passage à l'acte criminel; on affirme que les drogues possèdent des propriétés criminogènes, certains usagers commettraient des crimes qu'ils n'auraient pas perpétrés s'ils n'avaient pas été sous l'effet de la drogue. Pour Brochu, la consommation d'une substance qui affecte le fonctionnement du système nerveux global, peut avoir des effets sur les fonctions cognitives, sur l'état émotionnel ou même sur certaines fonctions psychologiques.

6.1.5 - Les facteurs de risque

En ce qui a trait aux facteurs de risque, Brochu a fait comprendre que ce qui incite une personne à poursuivre un parcours dans l'abus de drogues et dans la criminalité en se basant sur la Science. Selon lui, les études scientifiques ont su mettre en lumière plusieurs facteurs de risque. Ces facteurs permettraient d'expliquer l'application de comportements déviants. Ces comportements peuvent être regroupés en trois catégories, que voici : éléments familiaux, sociaux et personnels.

6.1.6 - Les individus exposés aux facteurs de risque familiaux

Pour les risques familiaux, très souvent, les usagers de drogues qui ne savent pas bien gérer leur consommation, n'ont pas bénéficié de la présence de leur mère ou de leur père durant leur enfance. Dans la majorité des cas, c'est le père qui est absent. Certains d'entre eux n'ont jamais connu leur père ou leur mère et éprouvent ainsi un sentiment de grand vide; d'autres en situation plus commune, ont grandi dans une famille où les parents étaient absents ou désengagés, ce qui crée alors un sentiment de rejet. Ces jeunes ont souvent grandi avec peu d'encadrement.

Parfois, malgré leur désengagement de la famille, les parents vont fournir un modèle, un exemple à imiter. Les écrits scientifiques ont fréquemment fait état du processus trans-générationnel des toxicomanes et plus spécifiquement de l'alcoolisme. Il n'est pas toujours facile de départager ce qui relève du biologique et du social. C'est l'exemple des parents d'un membre de la famille, le frère aîné par exemple, qui incitera beaucoup d'adolescents à s'engager dans l'abus de d'alcool ou de drogues illicites, ou encore à commencer à commettre des délits; certains abuseurs de drogues ou contrevenants rapportent avoir commencé leurs activités déviantes à l'intérieur du cadre familial.

Si le parent abuse de substances psycho actives en présence de l'enfant, il est probable qu'il transmettra ainsi une attitude générale positive face à l'abus et que le jeune imitera le modèle parental. Ce faisant, le parent approuve tacitement la consommation de son enfant. Pour Brochu, d'autres parents sont présents, mais font preuve devant leurs enfants de violence conjugale ou encore ils en font des victimes, les maltraitent, abusent d'eux ou les négligent. Ces milieux violents transmettent parfois le message que ces types de comportements constituent le seul mode de règlement des conflits; il est donc acceptable, voire même souhaitable de gérer par la violence les différends qui surgissent normalement dans les relations interpersonnelles. Ce type d'intégration de la violence et du non respect d'autrui constitue pour l'enfant un handicap important pour établir des relations avec ses pairs. C'est ainsi qu'un facteur de risque en crée d'autres et qu'ils cumulent de façon telle qu'il est fort probable qu'un parcours déviant s'installe graduellement.

6.1.7 - Autres obstacles auxquels la Police nationale a fait face

La Police a très peu pratiqué la technique de la patrouille communautaire ou de proximité. Cette technique consiste à communiquer avec la population en vue de recueillir des informations relatives au travail policier. La Police n'est plus omniprésente dans les différentes bretelles de sa juridiction, une parfaite collaboration avec les gens, contribuerait à un meilleur rendement dans l'exercice de sa fonction. L'efficacité de la Police exige aussi qu'un ménage soit fait de la tête aux pieds dans l'appareil judiciaire haïtien, cette Police ne peut pas être parfaite lorsqu'il y a des juges corrompus qui relâchent des bandits après que la Police les défère par devant le tribunal. À ce moment là, le travail de la Police reste et demeure une tâche compliquée. C'est toujours avec écœurement que les policiers constatent que les bandits ont été libérés sans avoir purgé leur peine, ils se sont même moqués des policiers qui les ont appréhendés en leur rappelant la date et le lieu de leur arrestation. Dans une telle situation, il faut faire une remise en question des deux entités de l'État qui travaillent en commun accord, à savoir la Police et la justice.

6.1.8 - Révision de la décision de libération des détenus par les juges : Un remède efficace à l'insécurité publique en Haïti

De façon spécifique, notre sujet ne traite pas de l'appareil judiciaire, mais notre approche du travail policier nous oblige à sauter à pieds joints sur certains des travaux de la Justice. Depuis le bas, jusqu'à la cour de cassation, l'appareil judiciaire est chapeauté de responsables dotés de divers niveaux d'autorité. Les juges non seulement sont coiffés par le Ministère de la Justice, mais ont des supérieurs directs placés à leur tête. Dans ce cas, pour éradiquer l'impunité en Haïti, la décision de libération des juges devrait être révisée à la loupe en vue de voir si elle n'a été rendue avec partialité aux fins de corruptions. Comme ça, on finira par éliminer le laxisme inouï dans l'appareil judiciaire.

Dans le cas contraire, on pourrait envisager des mesures drastiques contre les contrevenants. Étant bien imbus d'une telle mesure, aucune autorité judiciaire placée pour trancher la question avec équité, ne prendrait la chance d'agir avec impartialité, ce qui hypothèque considérablement le travail policier. La question ne demeure pas uniquement dans la prise de décisions sévères à leur endroit, mais aussi, il faudrait ajuster de façon raisonnable leur piètre rémunération qui les aurait incité à accepter des offres dans l'exercice de leur fonction. Ce même procédé d'ajustement de salaire serait aussi nécessaire dans le cas des policiers qui auraient souri aux pots, ou aux drums de vins.

6.1.9 - Désapprobation des agents par certains membres de la hiérarchie : Un bâton dans les roues policières

Dans une agréable après-midi de l'année 1997, vers 17 heures, une patrouille policière était postée en point fixe du côté de canapé vert (Port-au-Prince), aux abords du *Public's Market*. L'objectif de sa mission était d'assurer la sécurité de la zone, faire de la prévention et contrôler la circulation des automobiles. Tout à coup, une femme est arrivée à l'inverse d'un sens unique à toute allure. Rapidement, la patrouille l'a poursuivie en vue de lui donner une contravention. Pendant que cette patrouille s'approchait de sa voiture pour lui parler, elle était devenue très furieuse et a commencé à lancer des propos vexatoires et menaçants à l'endroit des policiers, tout en voulant heurter l'un d'entre eux avec sa voiture. Elle leur a dit en Créole : « *Poze nou timesye, mwen ka fè revoke nou. Ce qui veut dire : Du calme, messieurs, sinon, je peux vous faire congédier.* »

Un policier qui était plus près d'elle, a failli être victime de sa réaction agressive. Il a fait un feu de semence *tiré en l'air* pour au moins avoir le contrôle de la situation. Entendons- nous, cela ne devait pas se faire, car l'agent aurait du gérer son stress face la provocation inattendue de cette femme. Par la suite, cette femme a informé un grand chef de l'inspection générale de l'affaire, avec qui, elle aurait eu de relations amicales. Le lendemain, le policier qui avait tiré, a été convoqué. À son arrivée à l'inspection générale, il a reçu pas mal de pressions relatives à son congédiement; il aurait pu être révoqué comme avait mentionné la dame, si son commissaire qui avait été mis au courant de l'affaire, n'était intervenu en sa faveur. Dans ce cas, on comprend que le policier aurait pu être réprimandé par une lettre de blâme ou subir une suspension pour avoir réagi de façon trop émotionnelle, mais ne pas être menacé de révocation.

Précisons que lorsqu'un policier a une altercation avec un civil, parce que ce civil veut à tout pris le désapprouver et utilise les relations qu'il entretient avec un quelconque grand chef de la hiérarchie. Si ce grand chef n'a pas le courage de dire à ses proches que l'agent de Police doit être respecté dans l'exercice de sa fonction, il cautionne au contraire l'action du civil pour amoindrir l'agent dans ses fonctions, alors le travail ne se fera pas comme il se doit. Le policier de son côté, pour sauver sa peau, va laisser faire, surtout lorsqu'il sait que le ou (la) contrevenant (e) en question, a certaines accointances avec sa hiérarchie et qu'il peut être renvoyé à tout moment. Voilà donc un handicap majeur que les policiers haïtiens ont rencontré dans l'exercice de leur fonction.

6.1.10 - Intimidation reçue par un groupe de bandits au village solidarité, route de l'Aéroport

Un mardi de l'année 2001, de retour de notre travail, notre parrain de mariage a frappé à notre porte. Il était accompagné d'un homme qui, lui aussi est son filleul de mariage. Ce monsieur qui logeait sa nièce de quinze ans chez lui, l'avait envoyée acheter du charbon de bois pour cuisiner. Il paraissait que la vendeuse de charbon était absente, mais cette maison était cohabitée par trois ou quatre hommes nouvellement arrivés dans le quartier. À ce moment-là, des fréquentes descentes policières se faisaient dans la zone des rues Saint-Martin et Cité Soleil. Bon nombre d'inconnus vus au village de la Solidarité provenaient de ces zones réputées chaudes en vue de sauver leur peau. L'adolescente qui ignorait que cette maison logeait ces genres d'hommes, a été victime par ces individus qui l'avaient sauvagement violée à tour de rôle, a expliqué la petite alors trempée de larmes.

Notre parrain pour qui nous avons beaucoup d'estime, s'était déplacé jusque chez nous pour nous expliquer cet affront et nous avait demandé de l'accompagner à un poste de Police pour déposer une plainte. Puisque nous étions aussi très conscient du problème, et voyant l'oncle de l'adolescente était rougi de colère et fondu en larmes, nous n'avions pas hésité une seconde, nous les avons accompagnés à l'Hôpital général pour que l'adolescente puisse se faire analyser. Puis, nous nous sommes rendus au commissariat de Delmas 33, vu qu'aéroport *le lieu du crime,* fait partie de cette juridiction.

Après la déposition de la plainte, nous étions retournés chez nous vers 23 heures. Ces criminels qui soupçonnaient que nous avions déposé une plainte contre eux, nous avaient attendus pour nous agresser. La camionnette de notre parrain qui nous transportait, devait passer devant leur maison, rapidement quatre hommes avaient commencé à nous suivre, en lançant des propos injurieux à notre endroit et étaient prêts se battre contre nous. Puisque nous avions eu le contrôle de la zone, nous avions dit à notre femme, notre parrain et l'oncle de la victime que nous avions accompagnés, de ne pas faire cas d'eux, quelque soit l'ampleur de leur agression verbale, pourvu que nous n'ayons pas été attaqués physiquement.

En descendant de la camionnette, nous avions réalisé que nous étions quadrillés de bandits qui attendaient la moindre riposte de notre part, pour commencer à tirer vers nous. Les violeurs, à notre avis, n'étaient pas tous armés, mais ils étaient accompagnés d'un chef de gang très connu dans la zone du village de la Solidarité, il nous a éblouis avec son arme de calibre neuf millimètres nickelée, cachée sous une aisselle, laquelle nous avons remarqué grâce au clair de lune. Quand même, nous sommes rentrés chez nous *sain et sauf.* Par là, on peut comprendre combien ces membres de gang ont plein de pouvoir. Au lieu de se cacher, suite aux préjudices causés à l'adolescente, ils avaient mené des attaques jusque devant chez nous, pour avoir porté le soutien moral à la victime en détresse et à ses parents.

Quelques mois plus tard, ce chef de gang a été tué au-dessus d'un mur devant chez lui, par un commando cagoulé en pleine après-midi et son cadavre a été couvert et surveillé par sa mère qui, malgré elle, n'a pas voulu que les chiens fassent le boulot des ambulanciers qui étaient venus ramasser le corps jusqu'au lendemain vers 13 h 30 PM. D'après les oui-dire, ce commando le surveillait pour les multiples *hold-up* qu'il avait commis sur les voyageurs sur la route de l'aéroport et pour de grosses sommes d'argent dont il s'était accaparé.

CHAPITRE VI

SECTION 6 - LE KIDNAPPING : UN MARCHÉ FLORISSANT ET INQUIÉTANT EN HAÏTI

Le kidnapping, depuis un certain temps, est devenu un véritable marché aux grands profits de certains. On entend dire très fréquemment que des actes d'enlèvements sont posés dans les différentes zones du pays. Comme on dit, le malheur des uns, fait le bonheur des autres. Pendant que des familles se lamentent, les ravisseurs prennent du plaisir à exiger d'eux de fortes sommes d'argent pour ériger des fortunes gigantesques. Si cette somme ne peut pas être versée, la personne kidnappée risque d'être violée ou tuée après avoir subi toutes les formes de pressions psychologiques. Maintenant, voyons quels types d'impacts ce phénomène d'insécurité publique, a sur l'économie haïtienne.

Les deux principaux impacts de ce phénomène que nous tenons à souligner, c'est que :

1) La diaspora haïtienne pour sa part, a peur de faire du va-et-vient en Haïti ou d'investir dans un tel climat.

2) Les investisseurs étrangers qui s'y sont déjà installés, se voient obligés, pour la plupart, de fuir le pays; et ceux qui avaient l'intention d'y faire des affaires, laissent tomber toute idée d'investissement. Tout ceci contribue à donner des gifles à l'économie haïtienne, déjà trébuchante. Dans le temps, le tourisme représentait un pôle important dans l'économie haïtienne, les touristes étaient attirés par des secteurs de développement, comme de beaux monuments et de belles plages d'Haïti, qui aujourd'hui sont dans un état piteux par manque d'entretien, de conservation et de valorisation. Depuis de nombreuses années, on ne remarque plus la présence de touristes en Haïti, pour des raisons divers, tels: Les délabrements des sites touristiques et l'ampleur de l'insécurité publique.

6.1 - Résumé d'une attaque à main armée en pleine rue, au péril de notre vie

Il est certain que l'insécurité publique n'est pas uniquement l'apanage des pays sous- développés. À travers tous les grands pays industrialisés, on entend dire que : Des actes odieux ont été commis, lesquels sont liés à l'insécurité publique, tels : Des attentats à la bombe, des voitures piégées, fusillade, homicide et enlèvements. Étant donné qu'au cours de récentes années, Haïti a connu des moments d'insécurité les plus crapuleux, nous nous permettons d'insérer deux expériences que nous y avons vécues, les voici :

Il y avait tellement de civils armés qui faisaient la pluie et le beau temps, qu'un policier qui travaillait au commissariat de Cité Soleil a failli nous enlever la vie, résidant au village de la Solidarité, sur la route de l'aéroport, chemin faisant, nous avions l'habitude de traverser Delmas 24 pour aller visiter notre copine, à la rue Sylvio Cator. D'après ce que ce policier nous a appris par la suite, il avait subi beaucoup d'actes de représailles par des bandits et il avait vu tellement ses confrères tomber sous les balles de gangs. Il avait été envahi par une psychose de peur en nous suivant avec l'index sur détente (gâchette) en nous donnant quelques bons pas de distance en nous prenant pour quelqu'un qu'il voulait immobiliser, il a marché à notre côté opposé sur la route, car, il était environs dix-huit heures quarante minutes.

Arrivé en face de Maye Hôtel qui est un petit abri de deux ou trois étages de la zone, il avait décidé de nous abattre en pointant le canon de son revolver droit vers notre poitrine. Il s'est identifié en notre demandant de nous identifier aussi; à ce moment-là, les secondes de notre vie étaient réellement comptées. Étant donné que nous avions gardé toute notre maîtrise, nous lui avons parlé très fort en lui disant que nous n'habitions pas la zone, nous ne faisions qu'y passer, il s'était approché plus près de nous en nous identifiant de face et nous avait laissé continuer notre route, car, nous n'étions pas la personne qu'il recherchait. On peut comprendre par là, combien il est facile de trouver sa mort dans la rue sans qu'on ne soit impliqué dans des actes malhonnêtes.

6.1.1 - Sept juin 1997, vers 1 h 30 du matin, des bandits ont occupé le seuil de la porte de notre chambre, un scénario presqu'inexplicable

Le 7 juin 1997, vers 1 h 30 du matin, notre chambre fut soudain éclairée par un puissant projecteur et la porte était grande ouverte. Lorsque nous nous sommes réveillé en sursaut, n'ayant pas tout notre bon sens et ne pouvant identifier qui que ce soit à cause des rayons lumineux du projecteur qui nous éblouissaient, trois sévères commandes nous ordonnaient de nous coucher. Nous nous sommes jetés par terre, nous avons imaginé qu'il y avait une dizaine de cambrioleurs armés de tous calibres, qui nous avaient hypnotisés sans compter ceux qui étaient postés, selon les curieux voisins, au périmètre de la maison.

Ils avaient braqué leur arme vers notre tête, nous avions un seul choix, celui de nous coucher devant notre lit en nous roulant en dessous. Grâce soit rendue à Dieu, il y avait une chambre à proximité où dormaient notre nièce et nos deux cousines. L'une d'entre elles, nommée Kathelyne, avait pris le risque de se cacher derrière le rideau de sa chambre pour suivre émotionnellement ce qui allait se passer.

Pendant que nous étions couchés à même le sol, nous avons entendu l'un des ravisseurs crier : *Il y a quelqu'un qui nous regarde derrière le rideau* ! Et il a fait feu en direction de notre tête, heureusement le ravisseur qui s'occupait du projecteur l'avait déjà éteint et une seconde avant, nous nous étions déjà mis contre le plancher et les cambrioleurs étaient tous partis en courant. Cette attaque avait réveillé tous les voisins de notre quartier *Village de la Solidarité*, le lendemain matin, nous avons photographié l'impact du projectile au mur, près de notre oreiller et nous avons trouvé la drouille quelque part dans la chambre. Suite à cette affaire, nous nous étions retrouvés dans une brigade de vigilance qui était vitement dissoute. Puis, nous avons quitté la zone, car, les bandits y faisaient la loi.

6.1.2 - Le crime crapuleux

D'après l'auteur Pierre Leclerc, le crime crapuleux se définit comme étant une forme de crime qui s'associe à une agression contre la personne et une atteinte aux biens. Il laisse en réalité la place à l'expression de projections psychologiques aussi diverses que l'est la composition sociologique. Le crime dit crapuleux constitue la plus grande partie des affaires d'homicides dont les services de Police et de gendarmerie ont à expérimenter. Il peut être l'œuvre, d'un ou de plusieurs criminels agissant avec le même objectif : se procurer par la violence une quantité plus ou moins importante de biens matériels. Par contre, les mobiles sont simples ou complexes. Ils peuvent être liés à l'appât du gain. Un individu à bout de ressources peut très bien arriver à tuer pour s'emparer du quignon de pain ou de la bouteille d'eau qui assurera sa survie. Arrivés à une certaine extrémité, les hommes sont capables de transiger les tabous les mieux ancrés en eux par leur éducation ou par leur civilisation.

La gamme des crimes crapuleux s'étend du braquage sanglant de transports de fonds où les criminels n'hésitent pas à tuer les convoyeurs et à ouvrir le feu sur les forces de l'ordre, blessant sans aucun scrupule des passants. Pierre Leclerc poursuit pour dire qu'on découvre souvent une misère affective et relationnelle réelle, liée à une très faible estime de soi, et derrière les rodomontades superficielles et romantiques, on rencontre des ratés de l'existence, incapables de fonctionner sur un autre registre que celui de l'infantilisme et de l'ensemble de comportements primaires qui l'accompagnent.

6.1.3 - Les enjeux de l'adolescence

En ce qui a trait aux enjeux de l'adolescence, nous voulons montrer comment le manque d'encadrement des jeunes est sujet à contribuer aux différents facteurs qui engendrent l'insécurité publique en Haïti. La violence des adolescents, *disons entre 14 et 16 ans* a toujours trouvé sa place et son explication dans toutes les racines humaines. Selon Leclerc, l'adolescence, c'est le moment des questions essentielles. C'est aussi un temps où la mort fascine. C'est l'âge des discours extrêmes, à l'emporte-pièce, où le réalisme et la raison paraissent méprisables et où une vie consacrée au plaisir sans limite, ni rivage semble digne d'être vécue.

L'analyse de Pierre Leclerc a montré que les actions violentes sont souvent commises chez les jeunes qui ont besoin de sentir qu'ils existent, de s'affirmer, de revendiquer une identité et une place dans l'ordre social de la vie adulte. La violence de l'adolescence a toujours pris la forme de rites d'initiation, parfois fulgurants de créativité, souvent porteurs d'une heureuse vague iconoclaste[17]. Les cibles de ces

---

17 **Iconoclaste :** *1. Se dit d'un vandale destructeur d'œuvres d'art.*
2. Se dit d'une personne qui cherche à détruire les opinions reçues, les idées établies.
Dictionnaire Hachette, édition 2006, p.796.

jeunes gens, surtout des garçons, sont les biens plus que les personnes. Les sociétés traversées par ces vagues de contestation violente de l'ordre établi ont toujours su récupérer ce phénomène et l'intégrer à leur propre évolution. Seuls quelques irréductibles marginaux ne parviennent pas à rentrer dans le rang et font l'objet de mesures coercitives plus ou moins radicales. On a affaire à des criminels de plus en plus jeunes qui passent à l'agression physique et parfois au meurtre avec beaucoup plus de facilité que les générations précédentes, qui se limitaient à une délinquance plus traditionnelle, essentiellement basée sur des actes de vandalisme.

6.1.4 - La chimère d'après Marc Perrault et Gilles Bibeau

En Haïti, le terme chimère veut dire quelqu'un *sans foi ni loi* qui est susceptible de poser de façon antisociale n'importe quelle action sans avoir aucune sensibilité ou pitié pour ses semblables; il peut aussi tuer, semer la terreur, bloquer les rues, brûler des pneus, paralyser les activités quotidiennes comme bon lui semble. Et, l'expression être chimère signifie : Être rouge de colère contre quelqu'un, être prêt à se battre violemment avec, n'avoir de pitié pour quiconque. Marc Perrault et Gilles Bibeau définissent ce terme par le biais du poème d'Homère, comme un animal hybride qui possède le corps d'une chèvre, le buste d'un lion et la queue d'un serpent.

D'après Perrault et Bibeau, le Psychologue américain Gerald Patterson, a eu recours à cette métaphore de la chimère pour décrire l'accumulation progressive des traits antisociaux, au cours de l'adolescence, notamment chez les jeunes américains. L'échec scolaire et le rejet de pairs donnent une première apparence de lion à l'enfant qui fondamentalement n'est qu'une chèvre. Vers la mi-adolescence, l'abus de drogue et les arrestations par la Police s'ajoutent au portrait et contribuent à produire une société intolérante et à compléter la transformation d'une simple chèvre en un monstre à queue de serpent qui crache du feu. Les jeunes Américains que Patterson décrit à travers l'image de la chimère seraient des *survoltés* au dedans, des révoltés au dehors, de « petits monstres » qu'il faut d'autant plus vite dompter, mater et domestiquer qu'ils risquent de reproduire le cycle du mal et du malheur en engendrant à leur tour d'autres *petits montres*.

6.1.5 - Le projet de désarmement : Un boulot très compliqué

1) Méthode amère
La méthode amère consiste à débarquer dans une zone, avec toute rigueur que possible pour effectuer une opération, souvent baptisée de : *Zéro tolérance*, mais ce type d'opération pourrait résulter des victimes innocentes; même la Police pourrait être impliquée dans des échanges de feu avec les bandits. Dans des endroits populeux comme Cité Soleil, Solino, Matissant, Fontamara, Bolosse, Cité Militaire et Bel-Air, la Police commettrait des bavures, si elle possédait avec brutalité pour résoudre un problème complexe comme l'insécurité publique, et serait alors qualifiée de manque de professionnalisme. Jamais, la Police ne doit pas perdre sa maîtrise pour s'impliquer dans des affaires contraires à sa mission dans le but d'appréhender des contrevenants. Ce serait donc contre la déontologie policière.

2) Méthode douce
Quant à la méthode douce, c'est utiliser toutes les techniques appropriées au processus d'intervention et d'opération. À notre avis, la Police haïtienne a grand besoin de psychologues qui pourraient analyser

en profondeur les comportements des gens, plus particulièrement les gangs armés. La douceur de la méthode d'enquête devrait avoir pour bases ce qu'on appelle : *Police de proximité* ou *Police communautaire*. Bien que ce soit un long processus, une telle stratégie aiderait à détecter ce qui se passe dans les ghettos en termes d'évolution de la criminalité. À l'Académie de la Police Nationale d'Haïti, on a étudié un module axé sur la Police communautaire, mais dans la pratique, ces éléments de formation sont rarement appliqués sur le terrain ou pas du tout, alors que dans le contexte actuel, l'exercice d'une Police de proximité s'avèrerait nécessaire pour mieux contrer les actes de banditisme.

Un jour, nous avons suivi le télé-journal de Radio-Canada. Nous avons vu que la Police de Laval a organisé une fête en plein air pour accueillir les enfants de sa juridiction, où les policiers distribuaient de la nourriture et des jouets à ces enfants; voilà une action communautaire concrète de la part d'une Police professionnelle. C'était tellement beau à regarder que nous nous sommes demandés pourquoi la Police haïtienne ne possède pas également de cette manière ? Nous sommes sûrs que certaines gens diront que nous comparons la Police nationale d'Haïti avec celle de Laval. Loin de là, nous savons que en terme de moyens logistiques, ce n'est pas comparable, mais en termes de formation de base, nous pouvons faire cette approche, parce que les policiers haïtiens, eux aussi, ont reçu une formation axée sur la Police communautaire.

Alors pourquoi n'ont-ils pas mis cette fameuse méthode en application ? D'autant qu'eux aussi ont surtout besoin du fruit de cette stratégie. La Police haïtienne a besoin de se rapprocher de la population qu'elle sert et protège. Lorsque nous parlons de rapprochement, ce n'est plus effectuer seulement des arrestations dans la population, c'est surtout la mettre à l'aise pour qu'elle fournisse des informations pouvant aider à la diminution de la criminalité. Une telle complicité entre la Police et la population serait une technique manifeste pouvant donner des résultats efficaces dans le cadre d'une enquête policière. Si la Police Nationale d'Haïti adoptait cette philosophie de coopération avec le public, elle n'aurait pas trop d'efforts à déployer pour réaliser ses enquêtes criminelles parce qu'elle aurait des yeux et des oreilles sur le terrain. La population est seul témoin qui sait qui fait quoi, quand et comment. Donc, dans certaines situations, la population est le meilleur guide dans le cadre d'une investigation policière.

Ayant regardé la Télé journal de Radio-Canada, nous avons aussi fait les mêmes constatations lors d'un processus de recrutement entrepris par l'armée canadienne. Cette armée qui courtise les jeunes pour renforcer ses rangs, utilise de belles stratégies pour les accueillir. C'était formidable de voir comment les soldats responsables de ce recrutement ont reçu les postulants avec de chaudes poignées de main en leur souhaitant la bienvenue dans l'armée canadienne. D'autres soldats s'amusent à jouer au ballon avec ces jeunes en les laissant s'approcher de leur voiture. Psychologiquement, les comportements de ces soldats invitent les jeunes Canadiens à s'y intégrer et se sentir bien dans leur peau.

6.1.6 - Enlevez les pistolets des mains des bandits, mettez-y : Des livres, cahiers et plumes

Voici notre position concernant le dialogue prôné par le passé par le gouvernement avec les bandits. Ce n'est pas seulement avec eux qu'un dialogue se révèle important. La société haïtienne, de façon générale, nécessite au contraire un dialogue national pour raccommoder le tissu social : Que ce soit entre les familles, les adversaires politiques, dans les relations sociales, le dialogue est toujours souhaitable, donc, une telle initiative n'est jamais mauvaise en soi. Ce qu'il faut questionner, ce n'est pas le dialogue, c'est plutôt l'idéologie qui s'en découle et son orientation. Il est clair que si on veut traiter un problème comme la recrudescence de l'insécurité publique en Haïti, il faudrait que les responsables de la sécurité publique organisent une table ronde en vue de trouver des solutions efficaces à cette problématique. Mais si on dialogue en donnant de l'argent aux bandits, à chaque fois qu'ils l'ont épuisé, ils vont recommencer à semer la pagaille, donc, c'est une situation à n'en plus finir.

De ce fait, le dialogue entrepris avec les bandits devrait avoir pour but d'exiger d'eux à déposer les armes en leur proposant un cahier et une plume en vue de se diriger vers l'école classique ou professionnelle. Après ces formations, ils pourront servir dignement leur pays. La façon dont on gère cette problématique n'est plus à l'avantage des bandits, car, ils sont toujours dans une éternelle nécessité. Leur meilleur choix, c'est de recevoir une formation professionnelle et demander leur intégration sur le marché du travail, car leur problème, est une situation inconfortable et précaire, alors ils utilisent la violence comme stratégie de survie.

Ce serait formidable de voir des gens qui, à un certain moment, rendait la population invivable, participer pleinement à la bonne marche et à la protection de leur société. Après avoir passé une bonne partie de notre vie sur les bancs de l'école, nous avons servi notre société pendant des années avec fierté dans des circonstances particulièrement difficiles et au péril de notre vie. Plus loin, si on fait une analyse psychologique de la naissance des bébés, on peut comprendre qu'ils soient issus de la pauvreté, de la classe moyenne ou de la bourgeoisie, il y a un dénominateur commun qui les unit tous, c'est la fameuse tape qu'on leur a donnée pour leur montrer qu'ils passent des entrailles de leur mère à leur naissance et s'ils ne pleurent pas, ces bébés sont carrément déclarés anormaux, c'est-à-dire que quelque soit leur origine, ils sont appelés à connaître la souffrance, mais pourquoi de petits groupes de jeunes de mon pays, au lieu d'accepter de souffrir sur les bancs de l'école, ils préfèrent mener une vie plutôt facile tout en prenant un peuple duquel ils sont issus, en otage ? Nous n'avons pas connu une seule personne qui a souffert pour ses études, même si elle n'est pas riche, n'a pas de quoi vivre...

CHAPITRE VII

SECTION 7 - AVANT D'ENVISAGER LA PEINE DE MORT DES GANGS, IDENTIFIEZ LES CAUSES FONDAMENTALES DE L'INSÉCURITÉ PUBLIQUE ET RÉSOLVEZ LES PROBLÈMES DE BASE

La montée de l'insécurité publique en Haïti, tient tellement la population toujours en permanente inquiétude, qu'une intervention des autorités s'imposait à la Cité Militaire pour tenter de prendre le pouls de la situation qui y sévissait. Une visite urgente se révélait donc importante à tel point qu'on a parlé de *désarmer ou mourir*. À notre avis, le phénomène de l'insécurité publique est vieux de plusieurs années, donc, il ne peut être résolu en un claquement de doigts. Si on identifie les causes profondes de l'insécurité publique en résolvant les problèmes de base et que les gangs tiennent mordicus à terroriser la population, à ce moment-là, on pourrait penser à voter une loi pour l'application de la peine de mort en vue d'endiguer ce fléau. Une telle décision ne peut donc être prise sans qu'elle ne soit régie par la loi.

7.1 - Les rues sont bloquées, les pneus brûlent, la fumée noircit le ciel d'Haïti

En Haïti, que ce soit de façon formelle ou informelle, la majeure partie de la population est versée dans les activités commerciales. Ce qui fait que la rue représente le deuxième salon du peuple. Vous n'avez pas besoin de vous demander si l'avenir des gens et l'éducation de leurs enfants dépendent des activités qu'ils y entreprennent au quotidien. Lorsque pour un rien, les rues sont bloquées, des pluies de pierres tombent partout, nos chaussées sont calcinées par des pneus enflammés, nos paisibles citoyens se bousculent et courent çà et là, on peut comprendre combien cette situation de panique, a des répercutions directes sur les familles haïtiennes et sur l'avenir de leurs enfants.

Parmi les impacts, il faut citer :

1) Les parents sont souvent traumatisés, contrariés et obligés de regagner leur foyer, cela sous-entend que sur le plan alimentaire, les enfants connaissent beaucoup de souffrance.

2) Ces mêmes troubles font que les parents qui sont dans l'impossibilité de vaquer à leurs occupations, sont incapables de répondre aux obligations scolaires de leurs enfants.

Ceci a montré qu'ils sont fréquemment tenaillés par la faim, même renvoyés de l'école ou restés à la maison en pleine réouverture des classes, en raison de la précarité économique des parents.

7.1.1 - Insécurité des biens

Le peuple haïtien a toujours eu une mentalité de *déchouqueur*, à travers laquelle, il s'autodétruit. Comme nous avons mentionné dans notre roman historique, titré : « LES VESTIGES DE LA MÉMOIRE », l'euphorie populaire fait qu'au lieu qu'Haïti progresse, elle piaffe en place, voire même fait marche arrière sur le plan de développement socioéconomique. Imaginez que les plénipotentiaires des gouvernements empochent le trésor du pays, et que le peuple pour sa part, détruit ce qui lui reste comme ressources. Par exemple, l'incendie d'un marché ou d'une école après la tombée d'un Président, ne profite ni au bonheur d'Haïti, ni à la survie des Haïtiens et de leur progéniture. Nous sommes d'avis qu'il est masochiste au peuple haïtien de s'adonner à la destruction de ses infrastructures. Donc, le peuple Haïtien se doit de cesser de se livrer au déchoquage à chaque chute d'un gouvernement. Voilà donc un conseil combien salutaire !

7.1.2 - Tuer pour régner

Les seigneurs du crime ne parlent pas, ne négocient pas : Ils tuent. L'exercice de la violence est substantiel à tous les cartels de la criminalité organisée. Elle est exercée par des unités indépendantes, spécialement équipées et entraînées à cet effet. Ces unités répondent directement aux dirigeants suprêmes de l'organisation. Leurs tâches sont multiples : Elles assurent la sécurité physique des différents réseaux de l'organisation. En deuxième lieu, elles garantissent la discipline interne, exécutant sans pitié les traîtres et les simples suspects.

Enfin, lorsque les préposés à la prospective et au marketing identifient un nouveau champ d'action, les unités de sécurité sont chargées de l'élimination systématique des concurrents du secteur économique concerné. Une des raisons majeures des profits souvent astronomiques qu'accumulent les cartels, réside dans le fait que ceux-ci jouissent d'une position de monopole dans le secteur où ils opèrent. Monopole obtenu par la violence souvent la plus brutale.

Tous les ans, l'Organisation de la Police internationale (Interpol) publie une statistique des assassinats, des meurtres et homicides volontaires, fondée sur la compilation des statistiques nationales. Elle permet de mesurer la violence criminelle dans chaque pays. Interpol a aussi enregistré, en 1996, 25 723 assassinats, meurtres, homicides intentionnels pour une population globale de 36 millions d'habitants. Le meurtre est la première cause de décès en Colombie, se situant avant toute maladie connue et avant les accidents de la route.

Taux de décès par homicide volontaire en Colombie, en 1996 : 77,4 % de victimes par 100 000 habitants. Les États-Unis ont produit, en 1996, un peu plus de 25 000 tués par homicide volontaire. La Chine arrive loin derrière : Environ 16 000 personnes tuées par des mains criminelles, en 1996; ceci dans un pays de plus de 1,2 milliard d'habitants. Les sicaires colombiens sont pour la plupart du temps de très jeunes gens. Sans aucune formation scolaire, confrontés à une vie de misère, de chômage permanent et qui, pour aider leurs familles, se sont engagés comme tueurs. Évidemment, cette situation n'est pas différente d'Haïti. Nombre d'entre eux sont des catholiques fervents : Avant chaque assassinat, ils se rendent à l'église, prient leur saint favori et brûlent un cierge devant sa statue pour la réussite de leur entreprise.

7.1.3 - La gang : Un groupe d'amis qui partagent les mêmes problèmes

La gang est représentée, comme un groupe d'amis qui ont des réalités et des problèmes communs. Ces problèmes sont pour la plupart du temps très circonscrits. Menace de l'extérieur à l'endroit de sa personne, incompréhension des parents ou du système, besoin d'argent ou de filles. Cette vision de la bande est comme un lieu où l'on peut résoudre ses problèmes. Le sentiment de trahison revient souvent dans la bouche des jeunes, qui avaient au départ investi dans des amitiés qui se sont finalement retournées contre eux. Lorsqu'il s'agissait de déterminer les principaux ennemis des gangs, plusieurs mentionnaient les autres gangs, tandis que quelques-uns évoquaient les membres de leur propre gang.

Les limites des amitiés à l'intérieur de la bande sont posées par les intérêts supérieurs de la gang et des sous-groupes. Cela veut dire que l'appartenance à une gang se définit autour d'un réseau d'amis. L'authenticité de ces amitiés ou la tournure que celles-ci prendront par la suite, importent peu au moment des premiers rapprochements avec la gang « Tu es à la bonne place. Tu n'as rien à craindre, aussi longtemps que tu es un des nôtres.» L'engagement dans la criminalité ou la délinquance transforme cependant peu à peu les formes de l'amitié. Les dispositions amicales entre les membres sont supplantées dans l'action par la répartition des rôles. Les règles ne sont plus les mêmes lorsque l'ami devient un partenaire. En d'autres termes, une gang de rue, ce sont des personnes qui ont des difficultés à s'intégrer parmi d'autres personnes.

7.1.4 - Un homme qui se forge une place en Haïti pour gagner sa vie

Au cours des années 1997 à 2004, nous avons vu un homme dans la trentaine, passionné pour la Police, il réglait bénévolement la circulation des automobiles. Peut- être, n'avait- il pas eu la chance de s'y intégrer, il s'est créé aux rires de passants, un emploi informel dans la fonction publique dans la circulation au niveau des artères des rues Péan et la zone des anciennes archives nationales près du petit séminaire du collège Saint-Martial, (Port-au-Prince). Cet homme, toujours présent dans ces coins de rues, a tellement développé une telle habileté pendant des années dans le décongestionnement de la circulation des automobiles, que le public l'a surnommé : *Policier béton*. Cet homme, bien qu'il ait fourni un travail non reconnu par l'État de son pays, le bénévolat qu'il a fait est tout de même utile à la collectivité, la majorité des chauffeurs de taxis qui ont besoin de faire autant d'allées et venues que possible pour faire leur bonne recette, n'avaient donc pas le choix de graisser la main de cet homme pour le service remarquable qu'il a rendu, surtout aux heures pointes où la circulation devenait presque stationnaire.

Après une certaine habitude avec les gens de cette zone, on s'est rendu compte que la présence de ce jeune homme à travers les rues de Port-au-Prince, s'avérait nécessaire. On peut comprendre que ce jeune homme ne soit pas le seul qui pourrait se débrouiller en ce sens. D'autres pourraient le faire également, s'ils avaient le même talent et n'étaient pas retenus par la gêne ou la honte. Donc, pour diminuer le taux de chômage et l'insécurité publique, on pourrait créer des emplois en répertoriant des jeunes qui auraient la même velléité que l'homme surnommé : *Policier béton* pour aider la Police qui avait un effectif considérablement réduit. Ne serait- ce que pour donner un coup de main où l'embouteillage qui se fait sentir dans des milieux ambiants. Autrefois, on a embauché des brigadiers scolaires qui contribuaient à la sécurité routière des usagers, ce qui avait grandement aidé à la communauté haïtienne. Toutes ces stratégies expliqueraient des moyens de démarcation du chômage et pourraient s'attaquer peu à peu et de façon positive au phénomène de l'insécurité publique qui bât son plein en Haïti.

En outre, il faut signaler que la problématique de l'insécurité publique dans le bas peuple, n'est pas innée, c'est plutôt un phénomène qui s'alimente avec l'aggravation de la situation socio-économique. Les bandits ou les chimères sont tous pris dans un engrenage ou un labyrinthe où ils ne savent quoi faire d'autre que de s'immiscer dans des affaires illégitimes. Dans un pays où le favoritisme a toujours été illogiquement normal, l'inégalité, l'absence d'encadrement, le manque de promotion sociale, la méchanceté et le gangstérisme, deviennent un moyen de revanche et de survie quotidienne de certaines gens; on peut comprendre combien de tels actes y sont propices. Ce qui importe pour le moment, est savoir comment éradiquer un tel fléau.

7.1.5 - Stratégies de survie

Les stratégies de survie regroupent les moyens utilisés pour se procurer un endroit pour dormir, manger, acheter des vêtements et, le cas échéant, faire usage de la drogue. La vie de rue favorise les rencontres brèves et les rapports d'approvisionnement, c'est - à - dire des personnes offrent à d'autres individus des biens et services. Quand c'est possible, plusieurs jeunes travaillent au noir ou ont de petits contrats : laveurs de murs, de planchers et de voitures, livreurs de journaux et de circulaires, aides dans une récupération de métaux, employés de snack-bar ou de garage, livreurs d'épicerie et de choses diverses, *baby-sitters*, bricoleurs, vendeurs et artistes ambulants, éboueurs et plus récemment les laveurs de pare-brises. Évidemment, lorsqu'il y a un problème grave de toxicomanie, les besoins d'argent sont beaucoup plus grands. Les stratégies des gens vont alors changer, ils se versent dans des activités telles : vol, danse nue, prostitution et trafic de stupéfiants.

Tous les jours, les jeunes de la rue cherchent de quoi se nourrir et à trouver un coin pour dormir, ils évaluent le contexte et en tirent partie, l'insuccès les poussera vers différents services sociaux. Dans le contexte de survie, vivre au jour le jour est inévitable. Miguel était héroïnomane au début de son errance. Il a commencé par faire des vols par effraction et de la vente de drogue, mais il a accumulé des dettes, ce qui l'a mis dans une situation dangereuse. S'il est difficile d'identifier de vrais gangs, en revanche, un genre d'association de durée plus ou moins longue qui se caractérise par l'alternance de périodes d'absence et de retrouvailles aussi bien les rapports sociaux, qui seront aussi des rapports d'entraide et d'échange, que dans les rapports amoureux. On entend souvent dire que les jeunes de la rue sont incapables de créer des liens. On soutient aussi que les discontinus n'ont pas de véritables rapports sociaux. Pourtant, ils correspondent à une réalité où la séparation est parfois inévitable.

7.1.6 - Analyse sociologique de la criminalité en Haïti

En Haïti, ces derniers temps, on parle de la montée de la criminalité, surtout dans les milieux d'extrême pauvreté, tels : Cité Soleil, Drouillard, Bel-Air, Matissant et rue Saint-Martin. Par là, quoiqu'on dise d'Haïti, une analyse comparative des zones du pays peut clairement démontrer que, la pauvreté et la criminalité qui s'y installent, sont sectorielles. Par exemple, si on fait un tour dans les quartiers précités, puis dans les hauteurs de Port-au-Prince, comme : Fermathe, Laboule, Thomassin, Kenscoff, Debussy, Pacot, Montagne noire, Boutillier, on peut facilement voir que ces zones ne présentent plus les mêmes aspects que les quartiers du bas peuple. La criminalité et le gangstérisme y sont absents, à l'exception de quelques cas isolés de kidnapping qui se sont produits au niveau de Pétion-ville et ses environs. Donc, on peut comprendre que la criminalité est directement liée aux endroits où la pauvreté et la concentration humaine sévissent. De ce fait, si on veut vraiment combattre la problématique de la criminalité, on devra s'attaquer carrément à ses différentes facettes. La meilleure technique de lutter contre un tel phénomène, n'est pas de se lever un bon matin avec les épaules carrées, la poitrine bombée, les mains dans les poches et se dire qu'on va le résoudre de façon magique ou miraculeuse.

L'évolution de l'insécurité publique en Haïti est une complexité dans un pays fort compliqué politiquement et économiquement. Tous les paramètres que cette évolution amène avec elle, ne datent pas d'aujourd'hui, c'est le fruit de bon nombre d'années de gabegies administratives, de dictature, d'un pays ruiné où le chômage s'est installé et ne veut plus se démasquer. L'exode rural représente les principales conséquences du manque de production agricole, donnant lieu à la ghettoïsation qui orne les diverses façades de la capitale, Port-au-Prince. Donc, l'insécurité publique dont nous parlons, représente l'un des problèmes majeurs d'Haïti, laquelle nécessite des solutions planifiées et bien réfléchies. En d'autres termes, le phénomène de l'insécurité publique en Haïti, ne peut pas se résoudre par de simples patrouilles policières. Cette problématique doit être traitée à la base.

7.1.7 - L'universalité de la criminalité

Une analyse de la criminalité dans les quartiers défavorisés de Port-au-Prince, nous porte à tisser un rapport avec la violence qui rime avec la pauvreté. Nous parlons de l'universalité parce qu'à travers le monde, des actes de banditisme sont toujours perpétrés dans des zones chaudes de Port-au-Prince. Dans le contexte d'Haïti, on compte : Cité Soleil, Bel Air, Solino, Grand-Ravine, Portail Léogâne, Bolosse, Ti-Bois, Carrefour de l'aviation, Rue Saint-Martin, Delmas 2, comme zones à risque de Port-au-Prince.

Comparativement aux actes de banditisme, le cas n'est pas différent dans quelque soit le pays. Dans le quotidien, titré : *24 heures*, on a fait savoir que la criminalité montréalaise a un visage. Les résultats de statistique Canada démontrent que la criminalité est surtout concentrée dans un petit nombre de quartiers défavorisés. Les infractions contre les biens perpétrées dans l'île, sont concentrées dans les quartiers du Centre-ville, tandis que les crimes avec violence sont repartis dans les quartiers de Verdun, Mercier, Hochelaga-Maisonneuve, Montréal-Nord, Rosemont, Petite-Patrie, Villeray, Saint-Michel et Parc Extension. Les facteurs qui caractérisent cette hausse de criminalité s'expliquent par un revenu modique, une scolarisation plus faible ou décrochage scolaire, une forte concentration de célibataires et des familles monoparentales.

7.1.8 - Violences d'aujourd'hui

Selon les écrivains Jacques Bichot et Denis Lensel, la progression de la délinquance et de la violence en France depuis deux ou trois décennies est un fait marquant. Mais, il faut bien avoir conscience que la période qui sert de référence est extraordinairement pacifiée. Après les violences politiques de la guerre, de l'Occupation, de la Libération, la France a connu dans les années 50 et 60, des niveaux élevés de sécurité intérieure. Les armes ne s'étaient pas tues, mais les combats avaient été parfois musclés. On ne pouvait laisser la clé sous le paillasson sans craindre de retrouver son domicile cambriolé.

Par rapport à cette période néfaste, la situation actuelle est moins bonne. Selon les renseignements généraux, 28 858 faits de violence urbaine ont été enregistrés à l'échelon national en 1999, contre 16 404 en 1997 et 3 018 en 1992. Le nombre de quartiers touchés est passé de 485 en 1993 à 818 en 1999, celui des atteintes aux personnes de 116 000 en 1984 à 23 000 en 1999. Les vols avec de la violence ont atteint 14,75 % en 1999 seulement. Les coups et blessures volontaires pendant ces deux mêmes périodes, respectivement de 6,27 % et 9,72 %.

Quant aux menaces avec chantage, elles avaient augmenté de 141,47 % entre 1993 et 1998. La délinquance devient plus précoce : En France, la part des crimes et délits commis par des mineurs dans l'ensemble, constatée par les services de Police et de gendarmerie est passée de 10 % en 1972 à 17,5 % en 1987 puis 23,3 % en 1997. Durant ces dix dernières années, le nombre des mineurs mis en cause a augmenté à une cadence annuelle d'environ 13 %. Le nombre de mineurs répertoriés comme délinquants par la Police ou la gendarmerie est passée de 48 162 en 1986 à 98. 152 en 1997. Tandis que celui des jeunes de 15 à 25 ans variait peu. En 1998, parmi les 789 000 personnes mises en cause par les services de Police et de la gendarmerie, 171 800 étaient des mineurs âgés de 13 à 17 ans.

En 1997, 19 500 mineurs ont été mis en cause pour destructions et dégradations, contre 7 400 en 1982; 19 800 mineurs ont été mis en cause pour crimes et délits contre des personnes, contre 6 400 en 1982. En outre, en cette même année 1997, 14 600 mineurs étaient impliqués dans les infractions à la législation sur les stupéfiants, contre 2 400 en 1982. Le taux de récidive (mises en causes répétées d'un même mineur pour des délits successifs) est en hausse. Les délits et crimes commis en groupes augmentent également des rackets effectués à plusieurs reprises, des viols et vols collectifs.

7.1.9 - La machine à produire de la délinquance

La délinquance et la violence peuvent être plus ou moins facilitées par le contexte économique et socioculturel. Il y a une structure de péché en la matière si un ensemble d'institutions, de pratiques de mentalités collectives orientent les habitants, et plus particulièrement certains d'entre eux, dans le sens de la prédation, de l'incivilité, du manque de respect, des atteintes aux biens et aux personnes. Tel est bien le cas : Comme on va le voir, une multitude de comportements égoïstes, des paresseux pervers ou simplement irréalistes ont contribué à la mise en place, à la conversation des institutions et à des facteurs psychologiques que l'on peut appeler les autoroutes de la délinquance et de la violence. L'urbanisation porte donc une part de responsabilité. Une enquête intitulée : *L'espace public peut-être incivil* a recensé de nombreuses négligences publiques à l'origine d'un sentiment d'abandon dans l'esprit des habitants d'un quartier, négligences qui contribuent à effriter la sociabilité et à développer des comportements asociaux tels que les « incivilités »; les plus importants sont :

- Faiblesse ou absence de services publics, équipements scolaires, culturels, sportifs et transports en commun non accessibles ou inadaptés, éclairage public défectueux.

- Absence d'entretien des espaces (publics terrains vagues, mobilier urbain inexistant espaces verts abandonnés, absence d'art urbain.

- Urbanisme standardisé ne prenant pas en compte les modes de vie particuliers des différentes communautés culturelles;

- Absence de démocratie locale permettant la participation de la population à la gestion de son environnement.

7.1.10 - Familles et violence

Quand on parle de violence, cela ne s'applique uniquement pas à Haïti, pour comparer ce phénomène universel, voyons ses principales façades dans les pays comme la Colombie, l'Italie et le Mexique. Selon les écrivains Bichot et Lensel, la violence est d'usage fréquent, mais raisonné et prudent. Pour l'écrivain Crétin, la violence est l'ultime ratio des mafias qui s'y résolvent quand il n'est plus possible d'y échapper et lorsque d'autres méthodes ont échoué, telles : Influences et corruption. En Colombie, les cartels de la drogue ont tué 9 300 personnes durant le premier semestre de l'année 1990, soit une moyenne de 51 victimes par jour. En janvier 1988, le procureur général de la République, Carlos Mauro Hoyos, a été lâchement assassiné. Ultérieurement, un attentat à la bombe dans un avion avait fait 107 morts.

Le leader mafieux colombien le plus célèbre, Pablo Escobar, offrait à ses hommes de main, 10 000 francs pour l'assassinat d'un policier et 30 000 francs pour celui d'un autre policier. En Italie, les meurtres sont moins nombreux, mais les policiers et les juges antimafia de l'opération ont payé un tribut élevé. En 1983, le général Della Chiesa, chef des carabiniers qui avait triomphé des Brigades rouges, tomba sous les balles assassines de la mafia sicilienne peu après qu'il eût été désigné pour s'attaquer à elle, tâche à laquelle, il s'était attelé avec courage. Un autre attentat à la bombe celui-là, permit aux mafieux de se débarrasser du juge Falcone en pulvérisant sa voiture au centre d'une autoroute. Les assassinats n'épargnent pas les ecclésiastiques : Au Mexique, les frères Arellano Felix ont trempé. Cet homme d'Église de haut rang était sur le point de révéler à l'Ex-Pape Jean-Paul II, les relations entre les trafiquants et le gouvernement.

7.1.11 - De la famille à la rue : Une complicité des pères irresponsables ou incapables

Nous nous sommes toujours dit que si nous étions des parlementaires haïtiens, nous lutterions pour faire adopter une loi permettant d'intervenir dans la façon dont certaines gens de la famille haïtienne mettent des enfants au monde. Comment voulez-vous qu'un jeune homme entre dans la vie d'une jeune femme et engendre un enfant qui, d'ailleurs, lui ressemble comme deux gouttes d'eau, par la suite, il va dire que ce n'est plus le sien. La mère pour sa part, a fait de son mieux pour élever cet enfant avec le soutien de ses parents les plus sensibles et compréhensifs. En retour, ce père qui deviendra parfois conscient alors cet enfant aura atteint l'âge de dix-huit ou vingt ans, se réclamera père de l'enfant qu'il a méprisé au berceau et voudra à tout prix le récupérer. Il faut dire que le plus souvent, ces genres d'enfants, en grande majorité, ont beaucoup de chance dans la vie. Ils deviennent pour la plupart, des gens de bien.

Par contre, ceux qui n'ont pas eu la chance d'avoir de mères courageuses, dynamiques, des oncles ou des tantes pour leur supporter dans leur adolescence, se voient obligés d'accepter les offres des chefs de gangs en vue de s'intégrer dans leurs activités. Car, ils sont sous l'emprise du chômage et leurs besoins au stade de jeunesse, sont multiples, ils sont tentés par les nouveaux modèles de jeans, et doivent subvenir aux besoins de leur femme ou de leur petite amie. Face à une telle situation, certains jeunes sont souvent obligés de s'investir dans des activités louches.

À ce niveau, si on veut réellement éradiquer ce phénomène, ne serait-il pas important aux autorités haïtiennes de contrôler de près le taux de natalité de la population et les conditions qui l'accompagnent ? Cette approche ne doit avoir pour but de s'immiscer dans la vie privée des familles, mais de garder un meilleur contrôle sur le concubinage et la débandade que cela implique, parce qu'une telle pratique a de près ou de loin, de graves conséquences sur la sécurité publique, la communauté haïtienne et le fonctionnement de l'État haïtien en particulier.

L'explication de comportements des délinquants, de la fuite et de la contestation se trouve dans ce qu'on appelle la *société anomique*. C'est donc une société qui ne disposerait plus de normes de conduite. Donc, les comportements et attitudes auxquels on assiste aujourd'hui, ne datent pas d'hier. On a tendance à croire que l'ouverture d'esprit ou le laisser-faire des parents, ne doit et ne devrait pas donner lieu à la fuite des jeunes.

CHAPITRE XVIII

SECTION 8 - MARCHÉ ILLÉGAL ET ENJEUX RELATIFS À L'INSÉCURITÉ PUBLIQUE EN HAÏTI

Le marché illégal des drogues présente des risques particuliers à ne pas négliger. Lorsque la prévention s'adresse à des jeunes, il faut éviter de confondre les méfaits liés aux produits et ceux inhérents à ce type de marché. La violence associée au trafic illégal du tabac n'est pas un effet de la nicotine, mais une conséquence de la criminalité. Au début du XXᵉ siècle, lors de la prohibition en Amérique du Nord, il y eût d'innombrables cas d'intoxication à cause de l'alcool frelaté, ou à cause de trop fortes concentrations éthyliques. Certains problèmes n'étaient pas liés aux caractéristiques propres du produit, mais à sa fabrication et à sa consommation dans la clandestinité. L'enjeu principal n'est pas de faire connaître aux jeunes tous les dangers des produits qui circulent, mais de les sensibiliser aux risques liés à la consommation de drogues distribuées sur le marché noir.

8.1 - Haïtiens déportés :

a) De la République dominicaine

Selon certains observateurs, le phénomène d'insécurité publique serait aussi lié à la déportation des Haïtiens de la République dominicaine. Dans un article daté de 1992, écrit par André Corten, la présence haïtienne en République dominicaine a été évaluée à un demi-million de personnes, dont environ 90 % n'y auraient aucun statut légal. Les Dominicains d'ascendance haïtienne seraient environ 200 000 dont 50 000 adultes, et seulement un quart d'entre eux auraient des papiers légaux. Un rapport du comité des Droits de l'homme des Nations unies datant de l'an 2000 estime que la population haïtienne vivant en République dominicaine oscille entre 500 000 et un million de personnes. Mais, selon une autre source, ce nombre est évalué à 380 000, ce qui représente moins de 5 % de la population totale dominicaine qui était de 8.6 millions en 2002. Environ 38 000 à un million d'individus, explique l'existence d'une forte communauté haïtienne en République dominicaine, et le nombre ne cesse de s'accroître. Les situations socioéconomiques précaires en Haïti, poussent fréquemment les Haïtiens vers la frontière haitiano-dominicaine à la recherche d'une patate de survie. Et, on sait bien quel impact raciste, humiliant et discriminatoire que cela résulte.

Par ailleurs, *Human Rights Watch* indique que des dizaines de milliers d'Haïtiens ont été expulsés du territoire dominicain au cours de la décennie passée. L'organisation recense au moins trois vagues d'expulsions massives qui ont eu lieu en 1991, 1997, 1999. En dehors de la vague des expulsions routinières sont conduites de manière quotidienne, *Human Rights Watch*, s'appuyant sur les statistiques de la direction générale de migration, relève que 13 733 haïtiens ont été déportés en 1998, 17 524 en 1999, 14 639 en 2000 et 6 331 au courant des quatre premiers mois, en 2001. D'autres sources estiment que plus de 30 000 personnes ont été expulsées tant en 2000 qu'en 2001 et 14 375 expulsions en 2004, ce chronique processus d'expulsions de grande ampleur se produit dans les communautés haïtiennes à travers tout le pays.

b) Des Bahamas

Des Haïtiens arrivent par centaines, et presque toutes les semaines en provenance de Bahamas. Le 11 octobre 2006, ils étaient au nombre de 228 à l'aéroport de Port-au-Prince. Ils sont arrivés à bord de deux vols réguliers de la compagnie AMACERCO, à raison de 112 passagers sur le premier et 116 sur le second. Ils ont été pris en charge par les agents de l'Office national pour la migration (O.N.M). Les déportés ont affirmé, à leur descente d'avion, qu'ils feront la même expérience douloureuse, car Haïti n'a rien à leur offrir et que leurs besoins quotidiens sont de plus en plus pressants.

8.1.1 - Vulnérable adolescence

Les effets psychologiques du cannabis sont fortement subjectifs. Ils dépendent essentiellement de la personnalité du consommateur. On décrit habituellement une exaltation de l'humeur : On peut voir apparaître un état d'euphorie, une impression de relaxation, de bien-être ou un sentiment de délation, c'est-à-dire le sentiment de pouvoir aller au delà de ses limites; une exaltation intellectuelle de type hypomaniaque avec fuite des idées; une exaltation sensorielle. Enfin, avec hyperesthésie : L'augmentation de la sensibilité aux stimuli externes est courante. On décrit aussi une relative désorientation spatiotemporelle avec une sensation de temps ralenti, aussi qu'une certaine apathie qui peut aller jusqu'à la somnolence. Les phénomènes délirants sont rares. L'ivresse cannabique, avec l'humeur et l'exaltation sensorielle, se termine progressivement par de la torpeur et de la somnolence. La dépendance physique au cannabis demeure donc une controverse.

La dépendance psychologique est en revanche manifeste, que l'on peut attribuer aux effets euphorisants et au plaisir lié à la consommation du produit. Bien que les effets psychologiques soient moindres qu'avec d'autres drogues, en particulier avec les opiacés, il peut exister une accoutumance, mais les utilisateurs épisodiques de cannabis ne deviennent jamais des toxicomanes.

8.1.2 - Insuffisance de policiers pour la sécurité durable en Haïti

Selon nous, le tableau qu'Haïti affiche sur le plan de sécurité publique, nécessite un brossage systématique. On sait que l'effectif actuel de la Police nationale d'Haïti (PNH) tourne autour de 5 000 policiers à la base y compris les agents des nouvelles promotions qui y sont ajoutées. Or, ces agents qui servent et protègent toute Haïti, ne sont même pas suffisants pour Port-au-Prince lorsqu'on tient compte de l'envergure que prend l'insécurité publique dans la capitale et ses environs. Il faut signaler que l'insécurité publique ne bat pas son plein uniquement à Port-au-Prince, bien qu'elle y soit plus présente, on voit aussi des actes criminels qui sont produits dans presque toutes villes de province. De ce fait, le ministère de la Sécurité publique devrait envisager un plan de sécurité durable qui couvrirait tous les départements géographiques d'Haïti. En d'autres termes, il n'y aura pas de sécurité publique durable, si on ne résout à la base, les problèmes sociaux, liés à l'insécurité. La garantie de la sécurité publique en Haïti, suppose une analyse en profondeur de tous les éléments qui auraient engendré ce phénomène. On ne guérit jamais une maladie sans s'attaquer aux causes qui la produisent. Par exemple, si c'est une plaie qui donne de la fièvre, il faut panser cette plaie pour cesser d'en souffrir.

8.1.3 - Les facteurs qui influencent l'évolution de la criminalité

L'écrivain Marc Ouimet, lors de sa profonde analyse sur les facteurs qui influencent l'évolution de la criminalité au Québec, a fait état de la pauvreté chez les jeunes adultes, souvent conséquente à une relative absence d'emplois intéressants pour les jeunes peu scolarisés, et de nature à favoriser le bassin d'individus favorablement disposés à la délinquance. Ouimet a donc bien indiqué les enjeux liés à ce phénomène. Parallèlement à Haïti qui fait face en pire au même problème, on peut imaginer que dans une société où les emplois stables et bien rémunérés pour des ouvriers non spécialisés n'existent presque pas, il y aura de plus en plus de laissés pour compte. Ces individus ne seront pas difficiles à être convaincus de l'amélioration de leur sort, du moins momentanément, s'ils s'impliquent alors dans des activités illégitimes.

Marc Ouimet soutient que l'absence d'emplois pour les adultes est de nature à prolonger le style de vie adopté à l'adolescence, fortement orienté vers des sorties nocturnes, la fréquentation de groupes de jeunes et la consommation d'intoxicants. De plus, la famille et l'enfant sont deux facteurs qui agissent comme frein à la carrière criminelle de jeunes adultes. Un fort taux de chômage chez les jeunes, empêcherait donc une intégration sociale harmonieuse. Celui-ci nuirait à la capacité des jeunes de fonder une famille.

Ouimet a renforcé ses arguments en disant que : « L'absence d'engagement des jeunes hommes dans les familles, tend à les libérer du contrôle social inhérent à la vie qui augmentent les risques d'être impliqués dans des activités criminelles ». Les changements dans les habitudes de vie des gens, en particulier des jeunes adultes, devraient avoir un impact majeur sur les changements de taux de criminalité, le tout selon la théorie des activités routinières et des opportunités criminelles. Marc Ouimet, au cours de son analyse sur l'évolution la criminalité au Québec, a attribué les actes criminels à chaque période d'immigration intense qui se fait au cours des années. Dans le cas d'Haïti, parallèlement, cette problématique est en partie, issue de l'explosion démographique qui a vu le jour depuis de nombreuses années où tous les gens issus des villes de province, ont convergé vers Port-au-Prince en vue d'un lendemain meilleur. Cet exode rural a occasionné en Haïti, un encombrement manifeste et a amené avec lui, tous les bouleversements que le pays a connus aujourd'hui.

CHAPITRE XIX

SECTION 9 - AGENTS D'INFILTRATION INCORPORÉS DANS LA POLICE NATIONALE D'HAÏTI : DES PAS DE GÉANTS VERS LA RÉDUCTION DE LA CRIMINALITÉ

On n'a pas besoin d'être un expert en enquête policière pour se rendre compte des fruits qu'une bonne investigation peut porter dans le cas de la recrudescence de la criminalité. À côté de l'uniforme des agents qui indiquent la présence de la force de l'ordre, mais les voitures généralement coiffées de gyrophares et munies de klaxons spéciaux sont tout aussi bien un autre moyen de dissuasion. Généralement, si on fait de la prévention routinière, par exemple, dans un quartier commercial, sur un terrain de Football (Soccer), dans un carnaval paisible, on peut se faire voir et même démarrer le gyrophare au besoin, juste pour montrer que la Police est présente ce qui veut dire que la sécurité de tout le monde est ainsi assurée et les officiers de Police sont prêts à intervenir en cas de besoin.

Mais si on veut appréhender des contrevenants ou des bandits dans une zone, il n'est pas de mise de se mettre en uniforme, voire utiliser des voitures clairement identifiées par des indications policières. Lorsqu'on fait cela, c'est comme si on dirait aux bandits de courir, même s'ils sont méchants et actionnaires, dès qu'ils voient une patrouille policière, ils ne vont pas rester sur les lieux et faire face à la Police. Ils vont sûrement prendre la fuite en faisant feu de semence ou *en tirant en l'air*, ou dans une certaine mesure, pointer leur arme en direction des policiers en vidant les lieux.

Nous nous souvenons d'avoir fait des randonnées pédestres et communautaires dans l'aire de Champ de Mars, Port-au-Prince, en compagnie de quelques collègues de travail. Pendant que nous nous apprêtions à traverser des rues qui n'étaient pas réglementées par des feux de circulation, les automobilistes ont vu que nous faisions signe pour traverser la chaussée; ils ont tous arrêté leur véhicule pour nous céder le passage. Pourquoi ? Eh bien c'est parce que nous étions très visibles en uniforme. Par contre, quand nous avons fini de travailler, nous devions traverser la même rue pour regagner la maison. Bien que nous ayons fait signe de la main pour traverser, les automobilistes n'ont pas ralenti, ils ont failli nous frapper en criant après nous et en nous lançant de propos injurieux. C'est exactement ce qui arrive dans une enquête policière, si les gens vous identifient comme des agents enquêteurs, ils vont faire attention à vous et votre investigation ne va pas être fructueuse, car, ils ne vont pas livrer leurs poignets aux menottes. De ce fait, la discrétion se révèle toujours très importante en enquête policière. Enquêter en uniforme veut tout simplement dire aux bandits : Nous voilà, nous sommes des policiers ! Bandits, voulez-vous courir ? Voulez-vous vider les lieux ? Voulez-vous gagner le maquis ? C'est aussi simple que ça !

9.1 - Le profil de l'institution policière haïtienne en 1997 et 1998

En termes de *Servir et Protéger la population*, devise de la Police nationale d'Haïti, la façade qu'elle affiche présentement était bien différente dans les années 1996 et 1998. Port-au-Prince était une ville plutôt tranquille, le nombre de policiers qui étaient déployés dans les grandes villes répondait adéquatement aux besoins de la population. Au cours des deux années mentionnées plus haut, les agents de la zone métropolitaine de Port-au-Prince avaient à leur disposition des moyens de transports suffisants pour venir en aide à la population.

Haïti, dans sa coopération avec le gouvernement taiwanais (Chine), a reçu un certain nombre de véhicules destinés aux patrouilles de la Police nationale d'Haïti. À cette époque, les policiers se sentaient très confortables dans l'exercice de leur fonction et on pouvait se rendre en quelques secondes sur les lieux d'infraction, grâce à un système de communication efficace qui était installé dans les véhicules de patrouille. Ce qui a mis en contact direct, tous les patrouilleurs placés dans les divers points fixes des artères de Port-au-Prince. C'était très professionnel de voir combien les agents qui sont déployés dans un point fixe, étaient toujours prêts à répondre aux appels de la population sous la couverture de leurs plus proches confrères, on avait l'impression que l'esprit d'équipe se manifestait, à chaque fois qu'une situation anormale se présentait.

Comme nous l'avons mentionné précédemment, on a assisté ces derniers temps à une inefficacité flagrante de la Police nationale d'Haïti, ce n'est pas parce que les agents ne sont pas formés pour garantir la sécurité de la population haïtienne, ils sont tous des agents bien instruits. L'inefficacité dont nous parlons, s'explique par la recrudescence de l'insécurité publique en milieu haïtien. Cet état de fait trouve sa source surtout dans les bandes armées qui poussent comme des champignons, face à une Police à court de matériel, avec un effectif très réduit et qui évolue dans une ville qui cautionnant les actes de banditisme par les caractéristiques encombrantes de certaines zones de la capitale (Port-au-Prince).

9.1.1 - Les situations inconfortables des agents de la Paix en Haïti

Bon nombre de policiers qui ont péri sous les balles assassines des bandits, n'avaient pas été victimes parce qu'ils n'avaient été bien entraînés ou n'avaient pas eu d'armes lourdes comme on veut toujours le faire croire. Les observateurs qui opinent sur la tuerie des policiers, comparent toujours la portée des types d'armes en minimisant le calibre 38 par rapport aux armes (semi) automatiques. Cette efficacité dont les observateurs parlent, est bien sensée, mais en réalité toute arme est dangereuse. Ce n'est pas uniquement la portée qui compte, la rapidité et la précision sont tout aussi importantes dans les opérations policières.

La victimisation des policiers ne résulte pas du type d'armes qu'ils portent mais plutôt de leur lieu de résidence, de passage ou de fréquentation. Comme il n'y a pas de projets de logements sociaux en Haïti pour eux, avec une pitance, ils se voient obligés d'habiter n'importe quelle zone, surtout défavorisée et gangstérisée. Étant donné qu'ils sont là pour réprimer les infractions, ils deviennent très ciblés et vulnérables aux yeux des gangs de rue.

En 1997, la tuerie des policiers, était monnaie courante dans les zones à haut risque, comme au portail Léogâne qui portait le surnom de *Kosovo*[18] pour la quantité de sang de policiers qu'il a absorbée, sans parler de Carrefour aviation, Rue Saint-Martin, Bel-Air, Carrefour Péan, Ruelle Nazon et Solino. *Rappelons que Kosovo est une province Yougoslave où beaucoup de crimes ont été commis entre les années 1997 et 1998.* Voilà pourquoi portail Léogâne fut baptisé du surnom de Kosovo. Lors d'une réunion magistrale organisée au commissariat de Port-au-Prince en 1997, le chef qui la dirigeait, n'avait pas eu d'autre priorité que de faire des menaces de sanction et de suspension aux

---

18 **Kosovo :** *Province de Serbie qui fut de 1974 à 1990, une province autonome au sein de la Fédération yougoslave. Dictionnaire Hachette, édition 2006, p. 889.*

agents qui arriveraient à leur poste en retard. Pour nous, c'était normal de le les prévenir tout en étant conscient du problème de transport auquel, les policiers sont confrontés.

Notons qu'aux environs de 1997 à 1998, il y avait eu tellement une forte recrudescence de l'insécurité publique en Kosovo, tellement de tueries et de fusillades, que les policiers haïtiens le comparent au Portail Léogâne (Port-au-Prince) qui lui aussi, était comme un abattoir de policiers avec la montée des gangs de rue. Les policiers y mouraient donc, comme des poules.

Cet homme orgueilleux qui organisait cette réunion, se sentait tellement un plénipotentiaire chef, qu'il n'a même pas voulu écouter quelques doléances relatives aux difficultés rencontrées par les policiers qui fournissaient la sécurité avec les maigres moyens au risque et péril de leur vie. Un agent qui était plus concerné par ces mesures drastiques, a tenté de dévoiler le motif de ses fréquents retards, tels les embouteillages imposants de la capitale, non possession de voiture et la distance de sa résidence par rapport au commissariat de Port-au-Prince, car, il habitait la plaine du Cul de Sac, hors de la capitale. Le chef, avec son visage de monstre, un ton arrogant et dictatorial, lui a dit sèchement ceci : *Ce n'est pas à la Police de rejoindre un policier, c'est plutôt au policier de rejoindre la Police.* Puis, il a quitté la réunion, sans prononcer même un mot d'encouragement et de motivation aux agents, sans souligner la mort des policiers qui furent lâchement abattus dans l'exercice de leurs fonctions, sans souhaiter aux agents un mot de condoléances à la suite de la mort de leur confrère.

Pourtant, il était possible de trouver une solution à ce problème parce qu'il y avait des minibus qui s'oxydaient partout dans les circuits publics à cause de simples pannes et qui auraient pu être réparés et mis à la disposition des policiers qui venaient de loin, parcouraient les zones dangereuses et qui ne pouvaient pas se procurer de voitures à cause de leur maigre salaire. Nous pensons que la réaction du chef se devait d'entreprendre des démarches auprès de la Direction générale pour solliciter des véhicules en vue de résoudre le problème que l'agent avait soulevé et qui était d'ailleurs celui de toute l'institution policière.

De telles initiatives auraient contribué à la santé psychologique du corps policier, ce qui faciliterait un meilleur rendement au service qu'il devait fournir à la population. Il faut comprendre par là, que l'inefficacité de la Police haïtienne ne dépend pas seulement de tous les problèmes qu'on connaît, mais aussi du traitement hiérarchique qu'elle reçoit. Quand il est question d'insécurité publique, tout le monde se plaint de l'incapacité de la Police, sans savoir qu'elle n'est pas toujours en mesure de fournir la sécurité attendue. Comment voulez-vous que la Police garantisse la sécurité, alors qu'elle n'en a pas elle-même ? On ne peut vraiment pas donner ce qu'on n'a pas. En somme, beaucoup de simples problèmes qui deviennent compliqués, sont dus à un manque d'humanisme et de pitié manifesté chez l'homme en général. À notre avis, si l'un avait un cœur humain pour compatir au problème de l'autre, le monde serait plus beau !

9.1.2 - La proposition de Cités policières et d'avantages sociaux pour les agents de la PNH

L'insécurité qui frappe l'institution policière ne découle pas uniquement du gangstérisme qui bat son plein en Haïti. Une analyse que nous avons faite en profondeur, a démontré que les zones de résidence des agents, sont un élément indissociable dans leur victimisation. Imaginons un agent qui doit parcourir seul, des quartiers chauds et parfois obscurs pour se rendre chez lui après les heures de travail. Puisqu'il est connu de tous de par sa fonction, il représente une cible évidente pour les bandits armés. Les causes fondamentales des meurtres proviennent des membres de gangs qui veulent se procurer d'armes et les meilleurs moyens pour le faire, c'est d'abattre un policier en vue de s'accaparer de son arme. Si on fait une analyse comparative des quartiers sur la victimisation des policiers en Haïti, on découvrira que la majorité des policiers qui étaient victimes, ont été la proie de gangs de rue surtout dans les zones les plus défavorisées et dans les milieux les plus ambiants de Port-au-Prince.

Dans ce cas, pour avoir une Police qui jouit d'une bonne santé psychologique, il importe de mettre à sa portée certains avantages, comme prévoir des cités policières à travers les départements qui abriteraient des logements sociaux en vue de diminuer le risque de victimisation que la Police nationale connaît depuis sa création. De tels logements pourraient ne pas être totalement gratuits; le gouvernement pourrait les mettre à la disposition des agents, afin qu'ils les louent ou les achètent à prix modiques. Ce qui les aurait aidés à épargner non seulement les fortes sommes qu'ils se font payer injustement par les propriétaires des maisons privées, mais aussi à se sécuriser l'un à l'autre. Rendez nous fou ou sage, il est impossible qu'un groupe de policiers venant d'une même zone, se fasse attaquer par des bandits, car les bandits cherchent toujours un policier isolé pour commettre leur crime. Donc, de telles mesures, contribueraient non seulement au prestige des policiers, mais aussi au développement du pays et à la simplification de risques de meurtre des membres de la Police nationale d'Haïti.

D'autre part, il est aberrant de constater que bon nombre de policiers qui, après avoir rendu des années de service, ne peuvent même pas se permettre d'acheter une voiture pour se rendre à leur poste à l'heure, sans se faire chiffonner dans les transports en commun. Un poste qui exige qu'on soit bien vêtu et qu'on soit un exemple pour fournir un service avec dignité et professionnalisme.

Faciliter un agent de s'acheter une voiture n'est plus un luxe. Au contraire, c'est un moyen de dynamiser les services qu'il offre. Dans un tel projet de changement de vie policière, on pourrait envisager de lui payer l'achat des véhicules dont nous parlons et soutirer cet argent du compte de l'agent, trimestriellement ou mensuellement comme on procède par exemple pour les impôts. De telles mesures donneraient naissance à un confort inouï et inciteraient à la motivation des policiers en vue de fournir un service plus efficace.

CONCLUSION

Dans cet ouvrage, nous tentons d'aider non seulement les gens à comprendre les différentes facettes de l'insécurité publique en Haïti, mais aussi, proposer des solutions relatives au freinage de ce phénomène. Par ailleurs, l'insécurité publique n'est pas la seule à représenter un chaos dans la société haïtienne. Citons par exemple : l'insécurité sociale, sanitaire, économique et environnementale. Tous ces aspects constituent un virus qui ronge tout aussi bien la population haïtienne. Mais, nous avons mis l'accent plutôt sur le phénomène de l'insécurité publique en Haïti, car, il est le plus aigu, transparent et préoccupant au sien de cette société. On a constaté depuis un certain nombre d'années qu'Haïti a fait face à des vicissitudes sur le plan de la sécurité des vies et des biens.

De la Cité Soleil, Cité Militaire, du Bel-Air, de Matissant, de Solino, de Nan Pelé, et aux certaines villes de province, des actes crapuleux sont commis sur une population sans défense. Beaucoup de tentatives ont été faites par les autorités en place pour contrer le phénomène de l'insécurité publique. Par exemple : La sollicitation des soldats étrangers sur le sol haïtien. Malgré toutes les stratégies utilisées, la vie des Haïtiens devient de plus en plus bouleversée par la terreur des gangs de rue et des kidnappeurs. Un des gouvernements antérieurs, dépassé par les événements, prônait publiquement la négociation avec les bandits. On s'en souvient !

À cet effet, la majorité des Haïtiens pensent que cette politique n'est qu'un non-sens, parce qu'il est inconcevable qu'on entreprenne des négociations avec des chefs de gangs tandis que ces bandits rendent le peuple invivable. Certaines autorités, tant du gouvernement, de l'opposition et de la société civile, ont opté pour la peine de mort des membres de gang. Mais, face à cette problématique de l'insécurité publique en Haïti, nous pensons qu'il est impérieux de prendre une décision éclairée qui permettrait d'évaluer ces deux aspects :

Le premier : *Peut-on résoudre un tel problème simplement par la négociation avec des gangs, plutôt que de rassurer la population et de garantir sa sécurité ?*

Le second : *Peut-on appliquer la peine de mort dans un pays, sans aucune couverture de justice, aucun amendement de la constitution ? Si tel était le cas, ce serait d'après nous, le revers de la médaille. Donc, le problème demeure complexe et difficile. En d'autres termes, ce serait donc, une violation flagrante de Droit.*

Nous devons préciser que nous sommes contre la peine de mort des bandits, nous aimerions plutôt voir que ces derniers soient détournés de leurs voies, contrôlés, encadrés et impliqués au service de leur société plutôt que de terroriser leurs semblables. Pour notre part, la situation sociopolitique haïtienne est tellement compliquée qu'elle ne peut être remédiée en un simple claquement de doigts. La résolution de la problématique d'insécurité publique en Haïti, suppose la considération et l'évaluation de toutes les facettes qui auraient engendré ce chaos.

Si on fait une analyse en profondeur des embûches auxquelles, Haïti a fait face, on verra que l'insécurité publique qui s'y installe, a des causes fondamentales qui l'ont catalysée, tels : L'exode rural, la surpopulation, la ghettoïsation, le chômage, la croissance débridée, la pauvreté, les constructions anarchiques, la mauvaise répartition des richesses, le délabrement des institutions de l'État, la déportation, la déforestation et l'impunité. Tous ces facteurs auraient contribué de façon globale à instaurer ce climat d'insécurité que connaît Haïti depuis nombre d'années.

Aujourd'hui, Haïti a fait face à une situation la plus chaotique de son Histoire. L'amplification des bandes armées, la ramification des kidnappeurs, la complicité de certaines gens et le nombre de victimes qui en résultent, désapprouvent visiblement les forces de l'ordre et affaiblissent carrément l'État. Par ailleurs, nous sommes certain que le gouvernement pourrait parvenir au redressement de cette situation si, et seulement s'il traitait les problèmes fondamentaux en amont et en aval, adoptait la justice pour tous, combattait l'égoïsme, l'inégalité sociale et la logique du chacun pour soi et pour son petit clan. Nous voulons parler de cette doctrine haïtienne bien connue sous le néologisme : *Le mounpaïsme*, en Français : Le favoritisme.

En d'autres termes, les raisons que nous avons énumérées à travers ce livre, tels : Les multiples cyclones qui se sont abattus sur Haïti, les dérives et instabilités politiques, l'indexation sociale (marginalisation), l'explosion démographique, la mauvaise construction des cités, la délinquance juvénile, l'inflation, le chômage, le trafic illicite de stupéfiants, la migration interne et la déportation se sont tous accumulés au cours des années pour aboutir à cette cotangente d'insécurité publique qu'Haïti a connue aujourd'hui.

Lorsque nous considérons l'ensemble d'obstacles auquel, Haïti est confrontée sur le plan socio-économique, il est normal que cette situation émerge, mais si on cherche les catalyseurs liés à ce phénomène, on parviendra à éradiquer ce fléau trop longtemps existant en Haïti. À notre humble avis, les mesures primaires qui pourraient être prises en compte dans l'instauration de l'insécurité publique durable, sont les suivantes :

a) Renforcer la Police nationale, la professionnaliser, lui fournir l'armement et des munitions adéquats.

b) Reformer l'Armée ou créer une gendarmerie pour la sauvegarde du territoire national.

c) Envisager un programme d'entraînement semestriel à l'intention des agents de la paix.

d) Dresser un programme de création d'emplois.

e) Encourager l'investissement public, privé et étranger.

f) Bâtir un programme d'encadrement et de réinsertion sociale.

g) Modifier les cités mal construites dans les différentes artères de Port-au-Prince.

h) Décentraliser les prisons, y ajouter des centres professionnels hors la capitale.

i) Concevoir un programme thérapeutique et de désintoxication des bandits.

j) Procéder au vote de lois contre la corruption, l'impunité et l'injustice.

k) Ajuster les salaires des employés et fournir des avantages sociaux.

l) Promouvoir le développement régional et exploiter les ressources naturelles et humaines.

m) Réaménager les sites, redynamiser le tourisme, revaloriser les secteurs porteurs de développement.

Nous voudrions montrer qu'en Haïti, la problématique de l'insécurité publique a plusieurs angles et diverses facettes qui la constituent. L'absence d'un bon projet d'encadrement social et le manque de sentiment d'humanisme, plongeront toujours ce pays dans un engrenage sociopolitique infernal, si le gouvernement ne jette des bases solides pour redresser cette situation d'insécurité publique, le chaos perdurera en Haïti. De ce fait, une amélioration des conditions de vie de la population s'avère donc nécessaire. D'autre part, comment voulez-vous résoudre le problème de l'insécurité publique en Haïti, tandis que ce pays a d'immenses bidonvilles servant de cachettes aux bandits armés ? Peut-on parler de l'efficacité policière, tandis que la Police ne peut même pas patrouiller les cités ? Les bandits savent bien que les cités représentent leur ambassade. Une fois qu'ils y sont enfouis après avoir commis un forfait, un crime, vol ou assassinat, il n'y a pas de patrouilles policières qui vont s'y aventurer. Donc, le problème d'insécurité publique demeurera toujours dans la population haïtienne.

Comment voulez-vous prendre le contrôle du pays et y imposer un climat de sécurité, tandis que l'électricité y a toujours été un luxe ? Comment voulez-vous instaurer la paix dans la Cité (pays), alors que vous ne pouvez même pas résoudre le problème de l'exode rural, ou freiner l'explosion démographique ? À cet effet, tant et aussi longtemps que le gouvernement ne soit pas conscient de ces enjeux, le phénomène d'insécurité publique se ramifiera à travers toute la République. Le gouvernement devrait identifier les causes profondes de l'insécurité publique, puis envisager des techniques efficaces et durables pour la surmonter, voire même la freiner. S'il analysait tous les enjeux précités, il parviendrait sûrement à freiner l'insécurité publique en Haïti. Donc, il saurait comment sécuriser le pays et y instaurer définitivement un climat de paix et de sérénité dans cet État troublé de la Caraïbe.

RÉFÉRENCES BIBLIOGRAPHIQUES

A. Morel, *Prévenir les toxicomanies,* avril 2000, pp. 135 et 136.

Asbury Herbert, *Les gangs de New York,* 1957, pp. 8 à 10.

Bauer Alain, Émile Pérez, *Le crime aux États-Unis,* PUF, pp. 100 à 106.

Beauchesne Line, *Drogues mythes et dépendance,* Bayard Canada, pp. 37 à 39.

Brochu Serge, *Drogue et criminalité, une relation complexe,* 2006, pp. 40 à 41.

Brodeur Jean-Paul, *Les visages de la Police, pratiques et perceptions,* Presses de l'Université de Montréal, 2003. pp. 85 à 87, 94, 97 à 99, 176.

Bichot Jacques et Denis Lensel, *Les autoroutes du mal,* Presses de la Renaissance, Paris 2001, pp. 284 à 285, 306 à 309.

Cormier Dollard, Serge Brochu, Jean-Pierre Bergevin, *Prévention primaire et secondaire de la toxicomanie,* éditions du Méridien, 1991, pp. 80 à 81, 110, 149, 160 à 161.

Desmarais, D. ; F. Beauregard, D. Guérette, M. Hrimech, Y. Lebel, P. Martineau, S. Péloquin, *Détresse psychologique et insertion sociale des jeunes adultes.* Collection, Prêt d'œuvres d'art du Musée du Québec, 2000, pp. 78 à 80, 141.

Fortmann Michel, Alex Macleod et Stéphane Roussel, *Vers des périmètres de sécurité ? La gestion des espaces continentaux en Amérique du Nord et en Europe,* Athéna éditions, 2003, pp. 19 à 20.

Heurre Patrice et François Marty, *Cannabis et adolescence,* Albin Michel, éditions 2004, pp. 41 à 42.

Leclair Pierre, *Des criminels, des victimes et nous,* éditions J-C. Lattès, 2003, pp. 69, 157, 159.

Lunde Paul, *Crime organisé : un guide complet de l'industrie la plus rentable du monde,* Éditions du Trécarré, 2004, pp. 8 à 10, 82, 90, 105, 179.

Ouimet Marc, *Les tendances de la criminalité au Québec : Les nouvelles réalités et les nouveaux enjeux,* Extrait du texte d'Avril 1998.

Paur Leo, *Votre enfant face à la drogue,* éditions Dangles, 1995, pp. 145, 147 à 148.

Perrault Marc, Gilles Bibeau, *La Gang : Une chimère à apprivoiser,* éditions du Boréal, pp. 16 et 17, 95 à 97.

Teichmann Iris, *La délinquance et la criminalité,* pp. 7, 10, 18, 20, 26, Gamma, 2002.

Tremblay Jean - Noël, *Le métier de policier et le management,* Distribution de livres, Univers 1997, pp. 12, 16 à 18, 132 et 133.

Ziegler Jean, *Les Seigneurs du crime,* éditions du seuil, Paris, pp. 58 à 60.

Article 238 de la loi portant Création de la Police nationale d'Haïti (28 décembre 1994).

Rapport annuel 2004 à 2005, concernant la Loi sur la protection des renseignements personnels, pp. 10 et 11.

Dictionnaire historique et géographique des communes d'Haïti, Éditions Combit, pp. 30, 151, 204.

Dictionnaire Hachette, édition 2006, p. 889.

Journal de Montréal, juillet 2007, p. 19

Sites Internet
www.uncji.org/documents
www.fao.org/docrep/
www.haitipressnetwork.com
www.rch2000.com
www.risalcollectifs.net
www.icmc.net
www.mdn.ca

HOMMAGE

« À tous les policiers haïtiens et les agents des Nations Unies qui ont été abattus dans l'exercice de leurs fonctions, nous leur rendons un vibrant hommage ! »

REMERCIEMENTS

Nous tenons à exprimer notre reconnaissance envers notre femme, Georges Marie Maquilène, pour nous avoir fournis tous ses supports moraux au cours de la réédition de ce livre. Nous dédions cet ouvrage à l'endroit de nos quatre enfants : Bernie Gracieuse Michaëlle Alnéus, Jéhu Klarens Gamaliel Alnéus, Débora Esther Alnéus et Ruth-Flore Maquise Alnéus, qui ont grandi loin de la réalité de la mère patrie. Un grand merci aussi à la graphiste Colette Morin pour avoir fait la mise en page et la couverture de ce livre, et aussi à Frère James René qui a pris le temps de faire des analyses critiques et rigoureuses de mes textes, et qui m'a toujours encouragé dans l'écriture de mes livres. À la Police nationale d'Haïti, à chaque Ex-Consœur et Confrère, aux employé(e)s civil(e)s, aux agents de l'Organisation policière internationale (Interpol), à ceux des compagnies de sécurité privées et à ceux de l'administration du pénitencier national, à toutes et à tous, nous recommandons fortement ce livre. À nos parents, ami(e)s, toutes celles et tous ceux qui nous ont aidés dans la réalisation de cette œuvre, notamment, les responsables des bibliothèques Henri-Bourassa, Charleroi à Montréal, et à ceux d'Ogilvie, Ottawa, qui ne nous ont pas marchandés leur assistance pour nous aider à repérer des sources et à trouver les documents relatifs au traitement de ce sujet si rare. Aussi, nous exprimons notre gratitude envers les Gouvernements du Québec et du Canada pour avoir accepté notre demande d'immigration, laquelle a amplement facilité la rédaction de nos livres. Enfin, à toutes et à tous, nous témoignons notre affection et nos plus profonds respects.